Fichte

Marco Ivaldo

Fichte

EDITORA
IDEIAS&
LETRAS

DIREÇÃO EDITORIAL:
Marlos Aurélio

COPIDESQUE:
Leo Agapejev de Andrade

CONSELHO EDITORIAL:
Avelino Grassi
Fábio E. R. Silva
Márcio Fabri dos Anjos
Mauro Vilela

REVISÃO:
Thiago Figueiredo Tacconi

DIAGRAMAÇÃO:
Tatiana Alleoni Crivellari

TRADUÇÃO:
Alessandra Siedschlag

CAPA:
Tatiane Santos de Oliveira

Título original: *Fichte*
© Editrice La Scuola, 2014
Via Antonio Gramsci, 26
Brescia (Italia)
ISBN: 978-88-350-3608-1

Todos os direitos em língua portuguesa, para o Brasil,
reservados à Editora Ideias & Letras, 2016.

1ª impressão

EDITORA
IDEIAS&
LETRAS

Rua Tanabi, 56 – Água Branca
Cep: 05002-010 – São Paulo/SP
(11) 3675-1319 (11) 3862-4831
Televendas: 0800 777 6004
vendas@ideiaseletras.com.br
www.ideiaseletras.com.br

**Dados Internacionais de Catalogação na Publicação (CIP)
(Câmara Brasileira do Livro, SP, Brasil)**

Fichte/ Marco Ivaldo
[tradução Alessandra Siedschlag]
São Paulo: Ideias & Letras, 2016
Série Pensamento Dinâmico

ISBN 978-85-5580-014-6

1. Fichte, Johann Gottlieb, 1762-1814
2. Fichte, Johann Gottlieb, 1776-1814 - Crítica e interpretação
3. Filósofos 0 Alemanha - Biografia 4. Idealismo Alemão
I. Título, II. Série.

16-01077   CDD-193

Índice para catálogo sistemático:

1. Filosofia alemã 193

Sumário

I. Biografia |7

II. Análise das obras |21
1. Doutrina da Ciência |23
2. Sistema, exposição, ciência filosófica |33
3. O fundamento da filosofia |39
4. A raiz da consciência |59
5. O princípio, a vida, a existência |74
6. A *Erscheinung*, os seus esquemas |106
7. Direito, política, ética |122
8. Religião, história, filosofia aplicada |145

III. Conceitos-chave |167

IV. História da recensão |181

Referências |209

Índice onomástico |225

I.
Biografia[1]

---

[1] As citações de Fichte são tiradas de: FICHTE, Johann Gottlieb. *Gesamtausgabe der Bayerischen Akademie der Wissenschaften* (GA), com indicação da série em número romano, do volume em algarismo arábico e da página. Depois de um ponto-e-vírgula vem a página da tradução italiana, se existir ou tiver sido utilizada. Vez ou outra, revi a tradução. Para os dados completos da GA, *cf.* Referências. A sigla FG se refere à coletânea de documentos em: FUCHS, Erich (Ed.), *J. G. Fichte im Gespräch*. Stuttgart-Bad Cannstatt: Frommann-Holzboog, 1978-2012, 7 v.

Johann Gottlieb Fichte nasce em Rammenau, na Alta Lusácia, em 19 de maio de 1762 – primeiro de oito filhos de um artesão, Christian Fichte (1737-1812). A mãe – com quem o relacionamento não foi fácil – se chamava Johanna Maria Dorothea Schurich (1739-1813). Era filho de pais pobres e junto a eles encontrava-se na condição jurídica de súdito hereditário de um senhor feudal, no que tangia à livre disposição de seus bens e também das escolhas pessoais de vida. Fichte consegue sair desta posição graças à ajuda de um primo do senhor feudal, o barão Ernst Haubold von Miltiz, que o enviou aos estudos, impressionado com seu talento: o pequeno Fichte lhe conseguira repetir perfeitamente, não apenas no conteúdo, mas também na intenção e na impostação, a pregação do pároco local, que Miltiz não havia conseguido ouvir.

Após um período de ensino particular, aprendendo os rudimentos das línguas antigas, Fichte frequentou a escolar de Meißen, e depois – a partir de outubro de 1774 – a *Fürstenschule* (e *Landesschule*)[2] de Pforta, em Naumburg – uma renomada instituição formadora, chamada habitualmente de Schulpforta – onde ficou seis anos, até 1780. Em épocas

---

2 *Fürstenschule*: escola promovida pelo príncipe local; *Landesschule*: escola territorial.

diversas, estudaram em Schulpforta, entre outros, também o poeta Friedrich Gottlieb Klopstock, o historiador Leopold Ranke e o filósofo Friedrich Nietzsche. No ano anterior ao ingresso de Fichte em Schulpforta, ou seja, em 1773, havia entrado em vigor, no clima de renovação educadora da *Aufklärung*, uma nova ordem de estudos, de cuja redação foi encarregado o filólogo e teólogo de Leipzig, August Ernesti. Além do ensino de Religião, o Latim, o Grego e o Hebraico também tinham posição de destaque, e o Alemão estava ganhando importância. O Francês e o Inglês também eram ensinados (mas Fichte não deve tê-los estudado, *cf.* GA III 6, 129; GA II 11, 16). No plano de estudos ainda estavam compreendidas Matemática, Retórica, Filosofia (ensinada com base no manual de Ernesti *Initia philosophiae*) e – como novas matérias – História e Geografia. Assim podemos ter uma ideia das características que a formação de Fichte pode ter tido. Na conclusão do curso, os alunos deviam escrever um discurso de despedida, chamado *Oration valedictoria*: Fichte, portanto, em 1780 escreve um *Discurso sobre o uso correto das regras da poesia e da retórica*, que pode ser considerado, de certa forma, seu primeiro trabalho orgânico.[3]

Após Schulpforta, Fichte frequentou os cursos de Teologia em Jena, depois em Leipzig e Wittenberg, onde assistiu também a aulas de Direito. Em Leipzig,

---
3   Sobre este período da formação de Fichte *cf.* BACIN, Stefano. *Fichte a Schulpforta (1774-1780). Contesto e materiali.* Milão: Guerini e Associati, 2003.

Christian Friedrich Pezold (1743-1788), que lecionava Lógica e Filosofia, foi seu professor de Dogmática (e também conselheiro). Algumas páginas de Fichte sobreviveram, com o título de *Theologia dogmatica secundum Theses D. Pezoldi* (GA II 1, p. 35-48); representam o trabalho do final de curso para alunos que estudaram a tese do docente, mas podem também constituir uma reelaboração para uso pessoal do conteúdo de um curso. Em Wittenberg, Fichte teve aulas com Franz Volkmar Reinhardt (1753-1812), professor de Teologia e de Filosofia, a quem dedicou a segunda edição de *Ensaio de uma crítica de toda revelação* (1793). Por falta de recursos, Fichte porém teve de interromper os estudos, que já conduzia de forma bem irregular, e entre 1785 e 1792 ganhou a vida como preceptor de diversas famílias, em várias cidades. Em particular Zurique, a partir de 1788, onde conheceu sua futura mulher, Marie Johanne Rahn, sobrinha de Klopstock. Compôs alguns escritos, de temática religiosa, literária ou de crítica da cultura.

Ele não estava contente com a teologia de sua época, de cunho sobretudo "racionalista". A tese que Fichte ressalta também no fragmento *Aforismos sobre a religião e o deísmo*, composto provavelmente no fim de agosto de 1790, é de que a religião (cristã) tenha a própria raiz no "coração". A "especulação" obriga o pensamento a admitir um "determinismo" universal, que dá aos princípios da religião uma validade "simplesmente subjetiva" (GA II 1, 290). "Coração" e "especulação" não podem se conciliar, mas podem dividir seu campo, evitando o contato e assim qualquer conflito possível. É difícil dizer de quais influxos nasce o "determinismo" que parece caracterizar — por sua própria admissão (*cf.* A carta ao amigo pastor Karl Gottlob Fiedler, de janeiro de 1785 [GA III 1, 9]) — a posição teórica deste "primeiríssimo" Fichte. Ele mesmo deixa presumir uma possível fonte quando se refere — em um clima teórico diverso, e agora para tomar distância — à segunda edição, lançada em Bayreuth e Leipzig em 1772, do tratado de Alexander von Joch [pseudônimo de Karl Ferdinand Hommel, professor de Direito em Leipzig], com o título *Premio e castigo secondo le leggi turche* [*Prêmio e castigo segundo a lei turca*]. No mesmo ano de 1790 — devendo dar aulas particulares sobre Kant — "se joga de corpo e alma na filosofia kantiana" (de uma carta a Marie Johanne, GA III 1, p. 166). Escreve uma exposição da doutrina dos elementos de *Crítica da razão pura* e uma sinopse de *Crítica do Juízo*. Porém, é particularmente a leitura de *Crítica da razão prática* que revela a Fichte uma perspectiva nova e decisiva:

> *São-me demonstradas coisas que eu acreditava que não pudessem jamais me serem demonstradas, por exemplo o conceito de uma liberdade absoluta, [e] do* dever (GA III 1, p. 167),

escreve em agosto-setembro de 1790 a Friedrich August Weißhuhn. Fichte compreende que na base da crítica da razão kantiana a oposição entre "coração" e "razão" pode ser sanada não mediante uma simples divisão de competências, mas dentro de uma visão filosófico-científica que demonstre sua compossibilidade e sinergia.

Em 1791, Fichte está em Königsberg para encontrar Kant. A fim de ganhar sua consideração, escreve *Ensaio de uma crítica de toda revelação*. Kant o ajuda a encontrar um editor; o escrito sai anônimo em Leipzig (1792), e é considerado obra de Kant. Quando este revela quem era o verdadeiro autor, Fichte tem uma notoriedade imediata. Começa um período de meditação filosófica fundamental, em que Fichte repensa os princípios do criticismo, medindo-se com as objeções dos chamados "novos céticos" (Gottlob Ernst Schulze com seu *Enesidemo*, e Salomon Maimon) e com a filosofia elementar de Karl Leonhard Reinhold. São documentos de tal elaboração, entre outras coisas, os manuscritos conhecidos como *Meditações próprias sobre filosofia elementar* (1793-1794) e *Filosofia prática* (1794). A este tipo de reflexões se aproximam — como será peculiar em Fichte — intervenções de discussão ético-política, por exemplo *Contribuição para a retificação dos juízos do público sobre a Revolução Francesa* (que surgiu, anônimo, em 1793), no qual é discutido e justificado, à luz da lei da razão prática, o "direito [de um povo] de mudar sua constituição política" (GA I 1, p. 235; p. 89). É conhecida a manifestação de Fichte: "Não quero simplesmente pensar, quero agir. Há dentro de mim unicamente uma paixão, [...] de agir fora de mim" (GA III 1, p. 69-73; *cf.* FG I, p. 214).

Em junho de 1793, casa-se com Marie Johanne em Zurique, onde, nos primeiros meses de 1794, recebe do pastor Johann Kaspar Lavater a incumbência de dar aulas sobre Kant. Fichte encontra ali a ocasião para expor ao público os elementos fundamentais da "Doutrina da Ciência", expressão que se apresenta pela primeira vez exatamente neste curso em Zurique. Pouco tempo depois, Fichte ilustra o "conceito" da Doutrina da Ciência (o texto programático *Sobre o conceito da Doutrina da Ciência* é de maio de 1794) e seu "fundamento" aos estudantes da universidade de Jena, onde havia sido chamado para substituir Reinhold (*Fundamentos da Doutrina da Ciência completa,* dado como "manuscrito para seus ouvintes" e publicado em cadernos separados para servir de material dos cursos, é de 1794-1795). O interesse do público é logo muito forte; a Doutrina da Ciência conquista a atenção geral – mesmo com Fichte tendo entrado em um áspero conflito com parte dos estudantes de Jena, querendo levar ordem às corporações estudantis. O ensino em Jena vai de 1794 até 1799: Fichte dá aulas sobre a tarefa do homem de cultura, sobre a Doutrina da Ciência (que, a partir de 1796, expõe segundo uma metodologia diversa em relação à exposição inicial), sobre lógica e metafísica (comentando os *Aforismas filosóficos* de Ernst Platner), sobre a doutrina do direito, e sobre a doutrina moral. Sobre estas duas disciplinas, publica respectivamente o *Fundamento do direito natural* (1796-1797) e o *Sistema de ética* (1798).

Entre 1798 e 1799, envolve-se na chamada "disputa sobre ateísmo", por causa de um artigo seu comentando um ensaio de Karl Friedrich Forberg sobre o *Desenvolvimento do conceito da religião*, publicado no *Philosophisches Journal*, que Fichte dirigia com Friedrich Immanuel Niethammer. Julgando totalmente injustificada a acusação de ateísmo lançada ao seu pensamento e supondo que o ataque tivesse na realidade motivações políticas, Fichte se defende ferozmente, mesmo que nem sempre de forma eficaz, e é obrigado a se demitir e a deixar Jena, indo para Berlim. Em 1800, publica *A vocação do homem*; escreve, em 5 de novembro de 1799, para a mulher:

> *Na elaboração de minha obra atual* [A vocação do homem] *lancei à religião um olhar mais profundo do que nunca [...]. Não acredito que jamais chegaria [...] a esta visão clara sem esta disputa fatal [sobre o ateísmo] e suas horrendas consequências.* (GA III 4, p. 142)

Entre 1800 e 1802, amadurece o rompimento com Schelling, que anteriormente se apresentava como apoiador do ponto de vista fichteano, mesmo se o colocava em um contexto teórico diverso, como a vivaz discussão entre os dois deixou claro.

Em Berlim entre 1800 e 1805, Fichte se dedica a uma elaboração fundamental dos princípios da Doutrina da Ciência, que apresenta em aulas particulares ou frente a um público de ouvintes qualificados (cientistas, artistas, filósofos, altos funcionários, políticos etc.). Esta elaboração − que se concretiza em diversas "exposições" (*Darstellungen*) da Doutrina da Ciência – apresenta novos pontos de vista sistemáticos, mesmo se fiéis a um assunto fundamental, que agora e sempre remete a Kant, o qual é ver a filosofia como uma compreensão do fundamento do *saber*. Junto às aulas "científicas", Fichte também dá conferências "populares", que tinham a tarefa de mediar os princípios da Doutrina da Ciência a um público mais vasto, referindo-se diretamente a seu interesse pela verdade e abordando aspectos essenciais da experiência humana. Nascem neste contexto o ciclo de conferências sobre a "característica" da história, publicado como *Traços fundamentais da época contemporânea* em 1806, e o ciclo de conferências sobre a doutrina da religião, publicado como *Introdução à vida bem-aventurada* (1806). Em 1805, Fichte é professor em Erlangen, onde professa a Doutrina da Ciência e dá aulas sobre a lógica e a "essência" do homem de cultura; as aulas públicas, de caráter "popular", *Sobre a essência do homem de cultura e suas manifestações no campo da liberdade,* aparecem em 1806. Em 1807, dá um curso sobre a Doutrina da Ciência em Königsberg, para onde, no fim do ano anterior, a corte e o governo prussiano haviam seguido, deixando Berlim após a derrota de Jena e Auerstedt. Neste mesmo ano, lê intensamente Maquiavel e escreve uma série de notas interessantes sobre ele, publicadas pela revista *Vesta* (1807). No fim de agosto de 1807, retorna a Berlim e, na capital ocupada pelas tropas francesas, escreve, entre o fim de 1807 e os primeiros meses de 1808, os *Discursos à nação alemã* (que são publicados em maio de 1808): um renascimento civil e político da nação alemã — é esta a tese de base — deveria essencialmente sair do plano da cultura e da educação. O impulso de Fichte, de intervir concretamente como filósofo e intelectual nos acontecimentos de sua época, encontra nessa obra uma atestação eloquente.

Entre 1808 e 1809, Fichte passa por sérios problemas de saúde em sua visão e uma das mãos; destes, ele jamais se recuperou completamente. Do fim de 1809 até 1814 é professor na Universidade de Berlim, constituída naqueles anos no contexto da modernização do Estado prussiano, inspirada por uma classe dirigente com componentes "liberais". Nesta universidade, Fichte foi decano da faculdade filosófica (1810) e depois também reitor (1811-1812), desenvolvendo uma intensa atividade administrativa, mas encontrando também fortes contrastes com o senado acadêmico, as autoridades ministeriais e alguns grupos estudantis sobre problemas administrativos e disciplinares, que os levaram a se demitir do reitorado em abril de 1812. O caso que levou à demissão de Fichte é aquele do estudante de medicina Joseph Leyser Brogi (ou Brogy), de família judia, que é ofendido e espancado por outro aluno, que lhe diz: "Agora saia daqui e vá à reitoria". Fichte entendeu estas palavras como uma ofensa em relação à autoridade acadêmica e entrou em conflito com quem queria ver no episódio apenas uma "mera questão de honra". O senado acadêmico condenou o agressor, mas também o agredido, e o tratou como culpado. Fichte julgou esta deliberação "fundamentalmente destruidora de toda disciplina" e "altamente injusta com a pessoa de Brogi" e anunciou sua demissão. Para ele, tratava-se de uma questão de princípio: se os estudantes fossem cidadãos como outros submetidos à lei, ou então uma classe com privilégios particulares. Pensava que os inimigos mais perigosos da liberdade eram aqueles que não a usam, ou a usam para "selvagizarem" a si mesmo ou aos outros.

Do ponto de vista filosófico, abre-se uma nova fase de desenvolvimento sistemático, e também de repensamento radical da Doutrina da Ciência, confiado em uma escala muito grande às aulas acadêmicas, mas também a questões pessoais (os três *Diários* que Fichte redige entre 1813 e o início de 1814). Entre seus alunos estava também, por um certo período, Arthur Schopenhauer. Dos cursos que Fichte desenvolveu em Berlim, apreende-se a ideia de uma proposta filosófica articulada e complexa, que abarca reflexões sobre a tarefa do homem de cultura (um aspecto constante de sua atividade filosófica), desenvolvendo-se por meio de aulas de Introdução à Filosofia e cursos de fenomenologia dos "fatos de consciência" e de lógica, para chegar então à Doutrina da Ciência verdadeira e própria (da qual temos cinco versões naqueles anos) e para, enfim, terminar na abordagem das disciplinas particulares (Ética e Direito) e da chamada "filosofia aplicada".

Como sempre, o ensinamento de Fichte é acompanhado de interesse prático-político, que se traduz desta vez no empenho ao apoio da Prússia na "guerra de libertação" contra os franceses iniciada em março de 1813. Fichte se inscreve na milícia territorial (*Landsturm*) e participa de exercícios. Candidata-se a pregador de campo; pensa poder fazê-lo melhor do que um eclesiástico, por ter "uma visão mais prática do cristianismo" (GA III 8, p. 61). Fichte ainda conecta o cristianismo e a consciência da liberdade, aquela liberdade que acusa Napoleão de ter subjugado com seu programa imperial e agressivo. A oferta, porém, é declinada. Em janeiro de 1814 contrai tifo – que a guerra havia levado a Berlim e já contagiado Marie Johanne, que entretanto superou a crise – e morre em 29 de janeiro. A exposição da Doutrina da Ciência de 1814, assim, é interrompida na quinta aula. O teólogo e colega Philipp Konrad Marheineke – que faz a oração fúnebre – havia dito sobre ele: aquilo que de Fichte sobrevive é "o espírito divino que operou em seu espírito e mediante o qual ele agiu, por sua vez, sobre outros espíritos" (FG V, p. 81). Rahel Levin-Varnhagen se expressou assim: "A Alemanha fechou seu único olho" (FG V, p. 110).

II.
Análise das obras

1. Doutrina da Ciência

Como esclarece no escrito programático *Sobre o conceito da Doutrina da Ciência* (GA I 2, p. 117ss.; 18ss.) – que retoma e desenvolve, por causa do ensino em Jena, os pensamentos elaborados nas aulas de Zurique dados na casa do pastor Lavater –, Fichte pensava que a filosofia devia se tornar e devia ser "Doutrina da Ciência" (*Wissenschaftslehre*). É com esta denominação que ele quase sempre anuncia o objeto de seus cursos, já que estes versam sobre os princípios fundamentais da realidade. Mesmo quando propõe cursos que desenvolvem as chamadas "disciplinas particulares" – por exemplo, a doutrina do direito ou dos costumes –, Fichte pontua que estas sempre eram tratadas "segundo os princípios da Doutrina da Ciência", reconfirmando assim a centralidade que, para ele, este nome e seu significado tinham. Formulando a coisa de forma ainda muito genérica: a Doutrina da Ciência é, em sua essência, uma investigação autocrítica e reflexiva sobre o fundamento (ou, kantianamente, sobre condições de possibilidade) do "saber" *em si mesmo* – lá onde o saber não é apenas o saber das ciências particulares, mas também a nossa experiência geral do mundo. "Como posso saber o que eu afirmo", e "como posso sabê-lo de maneira fundamentada": assim pode ser (provisoriamente) expressa a pergunta inicial da filosofia como Doutrina da Ciência. Ora, Fichte concebe esta ideia de filosofia como um desenvolvimento autônomo – ou seja, segundo o "espírito", mais do que segundo a "letra" – da filosofia "transcendental" de Kant, enquanto esta versava sobre as condições de possibilidade *a priori* de nosso conhecimento de objetos (*cf.* Crítica da razão pura, introdução, B 25) – ou seja, em linguagem fichteana, versava sobre *princípios de nosso saber real*. Fichte, porém, pensava que a crítica da razão de Kant tinha limites. Já se intui isto pela introdução da distinção, agora abordada, entre espírito e letra da filosofia kantiana, uma distinção que havia tido várias referências naqueles anos, por parte de Friedrich Heinrich Jacobi, por exemplo. Ele escreveu em algumas cartas que Kant teria "simplesmente acenado para a verdade, mas não a [teria] nem pensado nem demonstrado" (GA III 2, p. 20); que, portanto, Kant possuiria sim a "verdadeira filosofia, mas apenas em seus resultados, não em seus princípios" (GA III 2, p. 28); e que definitivamente Kant "parece ter filosofado demasiadamente pouco sobre seu filosofar" (GA III 3, p. 69).

Fichte percebe que, para desenvolver criativamente a filosofia de Kant, era necessário responder de forma consistente a algumas críticas, que haviam sido levantadas naqueles anos em relação ao criticismo. Reinhold, com sua *Carta sobre filosofia kantiana*, publicada primeiro no *Teutscher Merkur* em 1786 e

1787, e depois em nova edição em 1790-1792 em dois volumes, havia oferecido uma interpretação genial das intenções fundamentais da filosófica crítica, mas sustentava que Kant, com suas três *Críticas*, não havia satisfeito a exigência de um princípio unitário da filosofia, aquele princípio que Reinhold reconhecia no "princípio de consciência", e que expressava assim: "*na consciência a representação é diferenciada do representado e do representante e se refere a ambos*".[4] Com isso, Reinhold sustentava ter colocado em foco o elemento fundador da filosofia, aquele elemento que subentendia também a filosofia kantiana, e compreendia por isso a sua filosofia como "Filosofia elementar" (*Elementarphilosophie*). De sua parte, Jacobi havia atacado a noção de uma "coisa em si", em particular no apêndice "Sobre o idealismo transcendental", na obra *David Hume e a fé, o idealismo e o realismo* (1787). Ele defende a tese, várias vezes retomada no debate coetâneo sobre a filosofia kantiana, de que *sem* pressuposto de uma coisa em si como causa da afecção não se poderia entrar no sistema da *Crítica da razão pura*, mas *com* aquele pressuposto (realista) não se poderia se manter em tal sistema (de natureza idealista). A coisa em si, que Kant sustentava na sua crítica da razão, então tinha para Jacobi um estatuto ao mesmo tempo necessário e impossível: necessário para entrar na crítica, impossível

---

4 REINHOLD K. L. *Beiträge zur Berichtigung bisheriger Missverständnisse der Philossophen. Erster Band, das Fundament der Elementarphilosophie betreffend*, com introdução e notas de Faustino Fabbianelli. Hamburgo: Meiner, 2003, p. 99.

se ali devesse permanecer. À eligibilidade ou não da noção de uma "coisa em si" se referiam também as objeções em relação à filosofia crítica (reinholdiana ou kantiana) levantada por aqueles que Fichte designava, como já dito, como "novos céticos", ou Schulze e Maimon:

> *O cético sempre vencerá o jogo – escreve a Franz Volkmar Reinhard em 15 de janeiro de 1794 – enquanto permanecer a ideia de uma conexão de nosso conhecimento com uma coisa em si, que deve ter realidade de forma totalmente independente dessa.* (GA III 2, p. 39)

Causou forte impressão em Fichte a obra, publicada anonimamente, de Schulze: *Enesidemo, ou os fundamentos da filosofia elementar* (1792), que não era apenas uma crítica de Reinhold, como se compreende do subtítulo, mas também "uma defesa do ceticismo contra as alegações da crítica da razão", ou seja, da filosofia kantiana. Segundo Schulze-Enesidemo, o erro da filosofia crítica consistiria em ter trocado a ordem da pensabilidade com a ordem da realidade, ou seja, em ter feito, daquilo que é apenas o fundamento ideal de nossas representações, um verdadeiro e próprio fundamento real. No que se refere a Maimon – que Fichte estimava muito e que definiu como "um dos maiores pensadores de nossa época" (GA I 2, p. 368; 179) –, o seu "ceticismo" colocava em questão o direito de aplicar a categoria (kantiana) de realidade, como ressalta o próprio Fichte no *Fundamento de toda a Doutrina da Ciência* (*cf.* GA I 2, 261; 79). Levantando – por exemplo, no tratado *Sobre os progressos da filosofia*, elaborado em 1792 – a questão sobre a realidade dos princípios da filosofia crítica, Maimon chegava à conclusão de que não existe nenhuma lei universal da *experiência a priori*, como por exemplo a lei de que tudo tenha uma causa, dado que a filosofia crítica não conseguiria demonstrar sua realidade. Continuavam possíveis por isso apenas um "ceticismo empírico"– dado que o conhecimento empírico não pode ser dotado de universalidade e de necessidade – e um "dogmatismo racional" de outro lado, dado que a certeza só pode ser colhida do conhecimento puramente intelectual, em que o pensamento cria a própria matéria em uma consciência claramente determinada. O programa kantiano de um conhecimento *sintético a priori*, portanto, segundo esta abordagem, não teria consistência nem validade.

Ora, a Doutrina da Ciência é uma filosofia de tipo transcendental conquistada *por meio do confronto* com o "ceticismo" e a refutação de suas teses. O "ceticismo" solicita, portanto, que a filosofia se mantenha no estado da criticidade, estado que a Doutrina da Ciência, partindo da crítica da razão, assume como próprio. Não é por acaso que Fichte tenha chegado a uma primeira e notável formulação do próprio princípio exatamente na crítica, publicada na *Allgemeine Literatur-Zeitung*, em fevereiro de 1794, de uma obra "cética" como a citada *Enesidemo* de Schulze. Em seu fundo, o "ceticismo" é, para Fichte, dogmático porque hipostatiza uma faculdade da representação e a coloca como uma coisa em si, ou como uma "coisa representante", independentemente de seu representar. Ainda: o "ceticismo" é dogmático porque hipostatiza uma coisa em si como uma entidade independente de toda inteligência. Na realidade *"pensa-se sempre sobre si mesmo como intelecto tentando conhecer a coisa"* (GA I 2, p. 61). Isto significa, para Fichte, que o cético não pensa o "eu sou" como autorreferência pré-representativa. A refutação do cético pede então a elevação do "eu sou" a princípio da consciência. Em particular, trata-se de conceber o eu como "intuição intelectual" – um lema decisivo que se apresenta na crítica de *Enesidemo* –, ou seja, como capacidade no ato da autorreferência, a partir do caminho aberto pela percepção pura ou transcendental de Kant: "o eu é *o que* é, *porque* é, e *para* o eu" (GA I 2, p. 57). Aqui começamos a perceber o princípio da filosofia fichteana, ao menos na formulação que assume na elaboração de Jena. Em uma memória que se refere ao período de novembro-dezembro de 1793, o aluno norueguês em Jena, Henrik Steffens – depois professor em Halle, Breslav e Berlim –, reevoca a intuição original de Fichte, oferecendo-lhe na verdade uma leitura sobretudo teórico-cognitiva, como segue:

> *Surpreendeu-o o pensamento de que o ato com que a autoconsciência se apreende a si mesma e se mantém é claramente um conhecer. O eu se conhece como gerado por si mesmo; o eu pensante*

> e o eu pensado, o conhecimento e o objeto do
> conhecimento são um, e é deste ponto de unidade
> e não de uma observação distrativa que recebe
> [do exterior de si] espaço, tempo e categorias,
> provém todo conhecimento. (FG I, p. 63-64)

Torna-se possível desenvolver a asserção transcendental kantiana salvando-a das objeções dos "céticos" apenas construindo a filosofia como ciência "a partir de um único princípio" – aqui temos um ponto de convergência com Reinhold. Este programa exige a concepção da unidade sistemática da razão, além da (ou mais fundo que a) distinção entre a razão prática e a razão teórica, e inclui pensar o fundamento único da distinção entre sensível e metassensível – isto revela a influência que a problemática "arquitetônica" da *Crítica do Juízo* teve sobre Fichte, mas também a ligação que ele tinha com a tradição filosófica universitária e com o pensamento de Leibniz.

Enquanto toda ciência particular se baseia em axiomas e desenvolve teoremas que têm relação com seu âmbito específico, a Doutrina da Ciência versa sobre princípios, e de forma definitiva sobre o princípio que possibilita a "cientificidade" como tal, ou seja, que torna possível que cada simples ciência seja um saber real, que possamos ter uma experiência efetiva do "mundo". Se "um sistema do espírito humano" deve ser possível – porque caso contrário todo discurso, experiência, comunicação, saber seriam impossíveis –, é necessário que exista *um* princípio que seja em si mesmo justificado e que, por sua vez, fundamente a conexão sistemática dos outros princípios e conceitos principais. Fichte compreendeu este princípio como um *ato*, ou melhor, como o estado-de-ação (*Tathandlung*) da inteligência. Até mesmo este lema decisivo – *Tathandlung* – aparece na já mencionada crítica. Com base nisto, o teórico da ciência (= o filósofo) pode enuclear, graças à reflexão – ou, na verdade, pode conduzir à consciência reflexiva – todos os outros atos, as "ações originais" pré-conscienciais, que constituem o nosso saber e experiência *reais*. Certamente trata-se de uma "dedução" (ou justificativa) que se move no plano dos princípios ou dos atos *a priori*, coisa que abre um espaço relativamente autônomo no momento da coleta de dados *a posteriori*. Anuncia-se aqui, portanto, a ideia de um "sistema aberto" do conhecimento transcendental. Ao se compreender como tal autoconhecimento do saber real em seus princípios e a partir de princípios, a filosofia deve estar consciente do próprio proceder, e justificar geneticamente as asserções que propõe. O teórico da ciência deve unir o seu "fazer" e o seu "dizer", ou seja, deve explicar (= dizer) as ações que efetua (= fazer) para explicar a experiência real, e vice-versa. Para a Doutrina da Ciência, aquilo que a tradição chamava de "ontologia" deve ser elaborada pelo ato de inteligência (ou seja, do estado-de-ação do qual falei), portanto através de uma reconstrução genética dos modos de o ser (*Sein*) se manifestar na consciência (*Bewußt-Sein*), examinada em um tom transcendental.

Voltemos brevemente a Reinhold. Fichte pensava que o "princípio de consciência" reinholdiano fosse ainda apenas um "fato" (*Tatsache*) e como tal pudesse representar apenas o princípio da filosofia teórica. O princípio da filosofia *inteira* devia entretanto, para Fichte, dar a *gênese* transcendental do "fato", e de *todo* "fato" da consciência. Ora, tal princípio não pode ser por sua vez um fato, mas deve ser – como já vimos – o estado-de-ação (*Tathandlung*) da inteligência, a intuição intelectual, a autorreferência no ato do "espírito", que fundamenta e acompanha a consciência comum com sua esfera de leis e sua factualidade. Este ato tem um valor prático e não apenas teórico, portanto pode ser a base de toda a filosofia, que é ao mesmo tempo prática e teórica. A ideia de uma tal *unidade de prática e de teoria* determinará a própria forma de exposição da doutrina da ciência, em particular a partir do segundo ciclo de Jena (1796 em diante), quando Fichte anuncia querer ilustrar a Doutrina da Ciência "segundo um novo método" (*nova methodo*), que não trata a teoria e a prática sucessivamente, mas sim juntas.

Um traço peculiar da filosofia de Fichte é que este ato tem uma dimensão prática e não apenas teórica, que não apenas fundamente a representação do que é, mas, mais radicalmente, afirme o dever-ser do essente e institua uma teleologia prática. Fichte "recebe" desta forma o conhecido tema kantiano do "primado da razão prática" e enucleia a função "arquitetônica" da própria razão prática e seu papel constituinte da experiência. Na obra mencionada, *Meditações próprias sobre filosofia elementar* (1793-1794) – manuscrito que pode ser considerado um testemunho da Doutrina da Ciência *in statu nascendi* –, Fichte, questionando-se sobre a identidade do eu, escreve:

> *Esta, creio, é a tarefa suprema da filosofia. É possível apenas se as coisas forem determinações* adequadas *de nosso eu puro. Se a justiça reinar. Isto acontece em Deus.* (GA II 3, p. 132)

Na ação da inteligência está compreendido um pedido para se considerar, e se configurar, a factualidade (representável e representada) segundo o dever--ser; tal pedido se relaciona, por sua vez, a uma ideia de congruência realizada de real e de ideal, de perfeita "justiça". Esta dimensão prática compreendida no ato fundador lembra que, neste próprio ato, está atuando a liberdade. O ato tem, sim, leis (práticas e teóricas), mas tem leis que o próprio ato realiza *enquanto é liberdade* – ou seja, reflexibilidade e autorreferência.

> *"O meu sistema é do início ao fim uma análise do conceito da liberdade"*, escreveu Fichte a Reinhold na carta de 8 de janeiro de 1800. (GA III 4, p. 298)

Este sistema da liberdade é por si mesmo *aberto* ao acontecimento concretamente-concreto da própria liberdade – acontecimento que é por si mesmo "histórico", portanto pode ser reconhecido apenas "por experiência".

2. Sistema, exposição, ciência filosófica

Como eu disse, a Doutrina da Ciência é a compreensão daqueles atos originais, e pré-conscienciais, que tornam possível o nosso saber, ou fundamentam a nossa experiência do "mundo". Estes atos constituem um sistema, o "sistema do espírito humano". A Doutrina da Ciência é sua reconstrução genética, a representação de sua gênese transcendental, não factual/psicológica. Em suas *Aulas de Zurique*, Fichte disse:

> A intenção da Doutrina da Ciência é exatamente esta: *esclarecer* todo o sistema do espírito humano em suas determinações universais e necessárias.
> (GA IV 3, p. 38; 103)

Todavia, tal reconstrução/esclarecimento é *toda vez* um ato filosófico, uma formação determinada do agir da inteligência. Ainda em Zurique:

> Tal ciência exige que o filósofo, além do ato supremo que declara fundamento deste sistema [do espírito humano], também uma ação particular, ou seja, a reflexão *sobre aquele* ato supremo. (*Ibidem*)

A formação – ou "exposição" (*Darstellung*) – é uma compreensão *reflexiva* do agir real da inteligência, um exercício da reflexão, ou na verdade uma determinada prática do juízo que visa a restituir os atos e as determinações essenciais de um tal agir. Toda exposição é em si mesma cumprida (ao menos na intenção sistemática), e junto a cada exposição há *apenas* uma exposição, que parte de *um* esquema determinado de compreensão do agir da inteligência e que, como tal, consente em *outras* atuações expositivas, outras práticas da reflexão, as quais se alimentam também das questões emergentes nas exposições anteriores — e naturalmente também das controvérsias que Fichte se viu confrontando. Não apenas por razões de ensino, mas em virtude deste relacionamento dinâmico entre sistema do espírito humano e ato filosófico concreto (reflexão), Fichte fará várias exposições sobre a Doutrina da Ciência, cada vez construindo, de um novo ponto de vista, a visão completa. Em *Fundamento de toda a Doutrina da Ciência* lemos: "A reflexão é livre e não tem importância de que ponto parte" (GA I 2, p. 255; 141). A *vexata quaestio* de se Fichte mudara a própria filosofia com o ano de 1800 — uma questão que foi em parte atenuada com a preparação e, enfim, com a conclusão da edição completa histórico-crítica de Fichte (obras, legado, epistolário, aulas), a qual consentiu em dar-se conta das conexões imanentes dos textos e das múltiplas estratificações de um pensamento sempre em movimento — pode definitivamente ser relativizada e recontextualizada à luz deste relacionamento "dialético" entre sistema e exposição, entre estrutura do "espírito humano" e ato de reflexão filosófica.

No escrito programático de 1794, *Sobre o conceito da Doutrina da Ciência*, Fichte se preocupa em esclarecer a natureza científica da filosofia, e o relacionamento da ciência filosófica com as outras ciências. Sai do pressuposto de que a "filosofia é *uma ciência*" (GA I 2, p. 112; 13), um pressuposto que Fichte recebe da tradição filosófica e que significa que para ele, a filosofia veicula − ou melhor, é − um *saber real*. Ele precisa que toda ciência se caracteriza pelo fato: a) de possuir uma forma sistemática, pela qual todas as suas proposições se reconectam a um só princípio (*Grundsatz* [também: proposição fundamental, proposição que é fundamento]) e se unificam neste em uma totalidade − este é o *como* da ciência; b) de ter um princípio (ainda *Grundsatz*), ou seja, uma proposição que é "certa" antes da ligação com todas as outras e que lhes comunica a própria certeza − este é o *o quê* da ciência. Falando de certeza, devemos pensar não em um estado psicológico, mas numa evidência lógica − ou melhor, transcendental-lógica (= relativa à condição de possibilidade da empiria) − que se impõe em virtude de si mesma na reflexão. Devemos então distinguir o *conteúdo interno* da proposição fundamental e o modo com que tal conteúdo é transmitido às outras proposições, ou seja, a *forma* da ciência. A unidade de conteúdo (o quê) e de forma (como), de certeza e de totalidade, resulta na cientificidade. Ora, a Doutrina da Ciência tem exatamente a tarefa de responder à pergunta se o conteúdo e a forma da ciência são possíveis ou, na verdade, se a ciência em geral é possível. Fichte define por isto esta doutrina também como "ciência da ciência". Como tal, a ciência da ciência, o saber do saber, deve ter *um* princípio (*Grundsatz*), o qual seja "imediatamente certo", ou na realidade não traga sua própria certeza de outro, mas derive sua própria certeza de si mesmo; um princípio, portanto, que "é certo *porque* é certo" (GA II 2, p. 121; 2), acompanha todo o nosso saber, é neste compreendido e pressuposto a fim de que nosso saber (ou experiência) possa ser efetivamente saber (e experiência). Aqui emerge um ponto peculiar de Fichte, que me parece diferente *ante litteram* de Hegel: a proposição fundamental *não* recebe a própria certeza *da* ligação sistemática, em que cada membro tem certeza apenas em relação à certeza de um outro membro, ou seja, tem uma certeza derivada, ou "indireta"; ao contrário: é apenas a certeza da proposição que é o fundamento que confere certeza às outras proposições com esta sistematicamente conexas. Ligando-se a seu modo à tradição, Fichte alega que o princípio em questão é "indemonstrável", não no sentido de ser colocado arbitrariamente, mas no sentido de não se deixar deduzir por um princípio mais alto; tal princípio oferece justificativa de si na prática da reflexão enquanto se evidencia como o incontornável fundamento concomitante a todo saber real. Além de ter um princípio certo, a Doutrina da Ciência deve ter forma sistemática, não no sentido de que esta a receba de uma outra ciência, mas no sentido de que esta determine e convalide a própria forma. Para tanto, a proposição fundamental da Doutrina da Ciência deve ser *em si mesma* unidade de forma (= o como, a totalidade) e de conteúdo (= o o quê, a certeza), e isso de modo tal que o conteúdo determine a forma e, reciprocamente, a forma determine o conteúdo.

Apenas na medida em que é *esta* unidade, o princípio da Doutrina da Ciência pode fundamentar, segundo o conteúdo e a forma, ou seja, em sua cientificidade, as outras ciências. Toda ciência particular tem proposições fundamentais (axiomas). Ora, essas proposições fazem parte também da Doutrina da Ciência, com esta diferença: a ciência particular *move-se* da própria proposição fundamental e argumenta a partir desta; a Doutrina da Ciência, entretanto, *chega* à proposição fundamental da ciência particular à medida que a justifica a partir do princípio absolutamente primeiro. A demarcação entre filosofia e ciência particular também é expressa no escrito programático assim: a Doutrina da Ciência compreende as ações necessárias do espírito humano e, ao mesmo tempo, coloca como "supremo princípio explicativo" destas uma faculdade de a ação se determinar "absolutamente sem constrições e necessidades" (GA I 2, p. 134; 36), ou seja, a liberdade. De sua parte, a ciência particular dá a sua determinação, que recebe da Doutrina da Ciência, à liberdade. Por exemplo: a Doutrina da Ciência dá como ações necessárias o espaço e o tempo, e deixa à imaginação a liberdade de situar o ponto no espaço. Com a determinação desta liberdade de mover o ponto no espaço até traçar uma linha, não estamos mais no terreno da Doutrina da Ciência, mas daquela ciência particular que é a geometria. Quanto ao relacionamento entre a filosofia e a lógica (geral), esta última dá o elemento puramente formal do pensamento, e se torna ciência apenas através de uma abstração, que separa a forma do conteúdo, e uma reflexão, que considera a forma em si mesma. Ora, a filosofia deve por um lado pressupor em seu exercício a validade das leis lógicas, mas por outro lado deve demonstrar e justificar esta própria validade. É evidente que se trata de um "círculo", mas é na realidade um "círculo inevitável", que exprime a autonomia da razão, aquela autonomia pela qual a razão pode explicar-*se a si mesma*.

É realizável o tipo de saber filosófico fundamental delineado no "escrito programático" de 1794? Fichte sustenta que a resposta a esta pergunta não pode ser dada antes da investigação, mas apenas se a busca tiver um êxito positivo, ou seja, se, posto um princípio que seja unidade de forma e conteúdo, a este se possa reconduzir o que sabemos, ou melhor, se através deste pudermos explicar a consciência real. É o sucesso do experimento do pensamento que comprova que a ciência filosófica é possível no sentido real. Em outras palavras: A filosofia é uma prática do pensamento, em que o princípio se afirma e se comprova na reflexão, a qual é ao mesmo tempo necessária, ou seja, tem leis, e livre.

3. O fundamento da filosofia

Como devemos determinar o princípio primeiro de que fala o escrito programático? Já vimos: a reflexão é livre e não tem importância de onde parte. É decisivo conduzir à unidade o fazer e o dizer do filósofo, ou melhor, experimentar o pensamento (fazer) e nele evidenciar e desenvolver o princípio (*Grundsatz*) (dizer) em sua capacidade explicativa da consciência real. No escrito de 1794-1795 *Fundamento [Grundlage] de toda Doutrina da Ciência* — que contém em todo caso apenas o "fundamento" (*Grundlage*) da teoria — ele parte do "fato da consciência" que é expresso pela proposição lógica A é A (A=A), uma proposição que é reconhecida como certa e indubitável por todos, mesmo que, não esqueçamos, seja tarefa da filosofia legitimar sua validade. Trata-se de refletir sobre o ato que esta proposição sustenta e de abstrair-se do que não lhe pertence essencialmente. Ora, a proposição A=A não diz que A existe, mas afirma apenas que *se* A é, *então* é A, ou melhor, que se A existe, então é idêntico a si mesmo. Digamos que A indique um espaço entre duas retas: com a afirmação A=A, não dizemos que o espaço em questão existe, mas dizemos que se existe, então é (idêntico) a si mesmo. Afirmamos, portanto, uma relação necessária entre "se" e "então", sem que de tal relação (=X) seja concluído um fundamento (*Grund*). Surge assim a pergunta: é A? Ora, podemos ver que X, ou seja a relação necessária, é posto em um juízo, ou na verdade é o eu – que aqui é compreendido não como o nosso eu particular, mas como a razão em geral – a julgar que se A é, então é A. Em outras palavras: o nexo necessário é posto por um ato (do juízo). Porém X, que é o nexo, está em relação com A (tenha-se a este propósito sempre em mente a questão levantada agora: é A?), e se X é realmente posto no eu, como vimos, então também A deve ser posto no próprio eu, enquanto X se refere ao eu (ao juízo). Por isso na proposição A=A – que equivale a X – tanto o A-sujeito quanto o A-predicado são postos no eu (julgador), portanto a proposição anterior (= se A, então A) tem definitivamente este significado: "Se A é posto *no eu*, então é *posto*; na realidade – então é" (GA I 2, p. 257; 75). Recapitulemos: A é idêntico a si, *se* é posto; mas *que* A seja posto depende de um ato ponente (julgador), e este é o eu: "*A é absolutamente para o eu julgador e apenas por força de ser posto no eu em geral*" (*Ibidem*).

Devemos concentrar a nossa atenção no eu. A propósito do nexo se/então (=X) está o eu, ou seja, o ponente e o julgador, o que identifica o A-sujeito e o A-predicado, ou que põe um e outro como o mesmo no próprio ato em que os institui. O X absolutamente posto pode, portanto, expressar-se assim: eu=eu, "eu sou eu". Em outros termos: A=A é tal apenas em virtude de um "identificador" que transcorre do sujeito ao predicado mantendo-se ele mesmo. Este "identificador" é o "eu sou", que deve ser pensado como uma atividade (*Tathandlung*) em que o agente e o produto do agir, a ação e o fato, são o mesmo. Enquanto a identidade lógica A=A tem uma validade condicional, isto é, vale *se* A é posto, o "eu sou eu" vale incondicional e absolutamente, e isto porque no "eu sou eu" o eu (= sujeito) "se põe" sem mediação posterior como eu (= predicado), ou o eu é (essencialmente) como isto existe, e existe como isso é. Para retomar uma distinção anterior: o eu – note--se: não o meu eu, mas a razão, o ato transcendental – é a identidade imediata de conteúdo (essência) e de forma (pôr-se). Ainda: em seu ser como atividade em que agente e agido, ato e fato, são um, o eu é "para o eu mesmo", ou seja, tem a estrutura de uma autorre-ferência, ou melhor: é um vivente autorreferir. O "eu sou" deve ser pensado como ação-em-ato (*Tathandlung*), como um essente em que o "ser" não deriva de um substrato, mas coincide com o "pôr a si mesmo". O eu é no ato de pôr e *apenas assim* isto é o que é – o que Fichte formula por exemplo assim: "o eu põe originalmente em modo absoluto o seu próprio ser" (GA I 2, p. 261; 78). Tudo isto vai compreendido *não* no sentido de que o eu se "autocrie", mas no sentido de que o eu (= a inteligência, a razão, o "espírito") existe no modo de seu agir (forma) e "age o seu ser" (conteúdo), *junto*. Este é o "primeiro princípio fundamental" da Doutrina da Ciência, o qual é absolutamente incondicionado, seja pelo conteúdo ou pela forma, dado que o seu conteúdo – eu *sou* – é imediatamente a sua forma – *eu* sou (*eu*) – e vice-versa. Não se pode saber, ou experimentar, sem este agir original de inteligência, sem o "pôr" e o "pôr-se" do eu — tenha-se presente o objetivo da prática reflexiva aqui em jogo: explicar a experiência. É a partir deste "pôr-se" que se pode fundamentar a validade daquele princípio lógico de identidade que se aplicou no início, segundo o modelo de circularidade virtuosa entre filosofia e lógica geral referido anteriormente. Dado que a identidade lógica é fundamentada a partir da identidade real do eu consigo mesmo (= eu sou eu), emerge aqui, se olharmos ao modo em que o espírito humano age na afirmação da identidade lógica, a "categoria da realidade": real é o que é posto mediante o pôr, ou na realidade mediante o afirmar que afirma a si mesmo, do eu.

Este primeiro princípio da filosofia, cuja ideia foi delineada pelo escrito programático, é portanto o "eu sou", a autoafirmação da inteligência. Para que haja o saber, que é sempre saber de algo, não é suficiente o "pôr-se" do eu, que é entretanto necessário, mas é também exigida uma segunda posição, ou atividade, que Fichte expressa no "segundo princípio fundamental", "condicionado em seu conteúdo". Aqui também partimos do "fato da consciência" de que: - A não é + A, um fato que todos admitem, e que expressa o princípio (lógico) de não contradição. Ora, como é possível este fato? Esta pergunta é respondida pelo *Fundamento*: a afirmação de que A *não* é não-A é uma afirmação que é possível apenas *em relação* a A=A, e é ao mesmo tempo *o oposto* da afirmação de A. Isso significa que entre os atos do eu não se apresenta apenas o ato do pôr, mas também "o ato de opor". Este é um ato "relativamente autônomo". É condicionado em seu conteúdo, porque é possível de forma última pelo ato da posição do eu: posso negar de fato somente em relação a uma posição, se não a negação é a negação do nada, ou seja, não é uma negação. Mas o ato de opor é incondicionado em sua forma, enquanto o *como* de seu acontecimento não depende de nenhuma outra condição; poderia-se dizer: ocorre porque ocorre.

O "segundo princípio fundamental" é: "ao eu é contraposto um não-eu" (GA I, 2, p. 266; 83). A contraposição é tal apenas em relação á posição original *do eu*. O oposto do eu é portanto = não-eu. O não eu é o *não* do eu e pode ser posto apenas se o "eu sou" é. O modo porém em que a oposição ocorre, e o não-eu se apresenta, não é condicionado pela posição original do eu. Aqui emerge um aspecto de relativa indedutibilidade do oposto em seu "como", aspecto que longe de ser uma fraqueza do sistema, como definitivamente pensava Hegel, garante a abertura estrutural da experiência, que é constituída pela "identidade da consciência" *e* da sua abertura constitutiva à diferença. O não-eu, enquanto oposto do eu, leva à expressão exatamente este momento da experiência. Do ponto de vista do relacionamento com a lógica geral, o segundo princípio da Doutrina da Ciência baseia o "princípio da oposição" (-A não = A); olhando-se então à forma da inferência obtemos a "categoria da negação": o oposto do eu é não-eu.

Todavia, o dinamismo concreto da vida consciente não é produto nem do ato do pôr nem do ato do opor compreendidos *absolutamente como tais*, mas de uma "mediação" entre estes, que Fichte expressa com um "terceiro princípio". Este é "condicionado na forma" – é constituído, portanto, de uma terceira relação de dois princípios anteriores, do pôr e do opor –, mas é incondicionado em seu conteúdo, porque os dois princípios precedentes indicam apenas a tarefa que o terceiro princípio tem de preencher (*neste* sentido lhe conferem a forma), porém não dizem realmente a solução da própria tarefa, que ocorre apenas "mediante um veredito da razão" (GA I 2, p. 268; 85). Se tomarmos os dois primeiros princípios no sentido absoluto, obtemos uma oposição irredutível: o segundo princípio põe em uma mesma consciência tanto o não-eu quanto o eu, que tomados absolutamente se anulam, de forma tal que isto ao mesmo tempo destrói e não destrói a si mesmo; por sua parte, o primeiro princípio põe absolutamente o eu, mas enquanto põe, segundo o conteúdo, o segundo princípio (= o não-eu) coloca em si o eu e o não-eu, de tal forma que também destrói e não destrói a si mesmo. Ora, porém, se uma consciência deve ser possível (tenha-se sempre presente o problema-base: explicar a experiência), deve-se reviver uma forma de relacionamento entre o primeiro e o segundo princípio, ou entre o pôr e o opor, que salvaguarde a própria natureza de ambos (ou seja, a posição e a oposição) ou a unidade da consciência.

Esta relação tem nome:"limitação". Limitar significa tolher realidade mediante uma negação, e isto não completamente, mas apenas em parte. No conceito de limite, além da realidade e da negação, está implícito também o conceito de "divisibilidade" (compreendida como capacidade de quantidade). Através da limitação as oposições são levadas do plano qualitativo, em que se excluem absolutamente, ao plano "quantitativo", em que se limitam reciprocamente guardando seja a *unidade* da consciência *ou a diferença* nesta. A ação buscada é, portanto, aquela pela qual tanto o eu quanto o não-eu são postos como "divisíveis", ou como "quantitativamente" determináveis graças à limitação. É mediante a limitação que o eu e o não-eu se tornam "algo" (um *quantum*), têm determinação. O eu da posição absoluta é absolutamente aquilo que é, não algo. O não-eu da negação absoluta é *"absolutamente nada"*, não algo. Entretanto, o eu divisível é algo; e o não-eu divisível, enquanto seu oposto, é uma *"grandeza negativa"*, ou seja, também algo (em negativo). Eis portanto o terceiro princípio, que inclui tudo o que foi enucleado até agora: "Eu contraponho, no eu, ao eu divisível um não-eu divisível" (GA I 2, p. 272; 181). Significa que, para explicar a consciência devemos, no interior da posição absoluta (= "no eu") sem a qual não haveria nenhuma consciência, pensar uma figura de *relação* entre o polo "subjetivo" (= eu) e o polo "objetivo" (= não-eu) em virtude da qual estes não se excluam absolutamente, mas se excluam apenas em parte, ou seja, limitem-se, e em que cada um deles seja *algo*. Este princípio "material" fundamenta o princípio lógico de razão (*Satz des Grundes*), que Fichte formula assim:"A em parte = não-A, e vice-versa". Para determinar um ente devemos pô-lo em uma relação de igualdade com o oposto em uma nota, que se torna, portanto, fundamento *de relação*, e devemos pô-lo em uma relação de oposição ao seu igual em uma nota, que se torna, assim, fundamento *de distinção*. Dar razão de algo significa, então, correlacioná-lo em um aspecto ao seu oposto (o homem é um *animal* racional) e distingui-lo em um outro aspecto de seu igual (o homem é um animal *racional*).

O terceiro princípio – que põe o eu e o não-eu, *sempre no interior da unidade da consciência*, como reciprocamente limitáveis – compreende tanto o princípio da parte prática da filosofia quanto o da parte teórica. O primeiro é: "o eu põe o não-eu como limitado pelo eu"; o segundo:"o eu põe a si mesmo como limitado pelo não-eu" (GA I 2, p. 285; 101). A divisão do tratado da filosofia em parte prática e em parte teórica não será mais utilizada na exposição sucessiva da Doutrina da Ciência em Jena, como veremos. Por agora, Fichte sustenta que a exposição filosófica deve ter a parte teórica precedendo a prática, dado que a *pensabilidade* do princípio prático se fundamenta na do teórico. Pontua, porém, que é a parte prática que torna possível (possibilidade *real*) a teórica, dado que – ele explica – a razão é *em si mesma puramente prática*, e se torna teórica apenas aplicando-se suas leis a um não-eu que a limita. Aqui emerge o modo fichteano de receber o "primado do prático" de Kant.

O problema da filosofia teórica é explicar a consciência como consciência representante, um tema de Reinhold, o qual porém o colocava como tema da filosofia elementar enquanto tal, não apenas da teórica. No *Fundamento*, a parte teórica da filosofia culmina agora na "dedução da representação", segundo uma figura do procedimento filosófico que vai de formas do pensamento ao fato da consciência (primeira série), e parte do fato às ações que o tornam possível (segunda série). A representação é um certo ser-afetado do sujeito (eu divisível) por parte do objeto (não-eu divisível), como se compreende da formulação anterior: o eu põe-se a si mesmo como *limitado* pelo não-eu. Ora, nesta formulação se apresenta uma contradição entre o pôr que o eu faz por si – primeiro princípio: o eu determina a si mesmo, é atividade – e a determinação por parte de um não--eu, introduzida com o segundo e desenvolvida pelo terceiro princípio. A custódia da *unidade da consciência* exige, porém, a conciliação desta contradição, o que é conseguido mediante a categoria de "determinação recíproca", que é "o mesmo que em Kant se chama *relação* (*Relation*)" (GA I 2, p. 290; 105). Aplicando esta categoria, que retoma a seu modo a noção anterior de divisibilidade quantitativa, podemos afirmar que o eu *em parte* se determina, ou seja, é ativo, e *em parte* é determinado pelo não-eu, ou seja, é passivo.

Dito em outras palavras: o eu põe em si negação, enquanto põe realidade no não-eu, e põe realidade em si, enquanto põe negação no não-eu. O eu e o não-eu se determinam assim reciprocamente como passivo um e ativo outro, no sentido de que a atividade de um é a passividade do outro, e vice-versa. Começamos a ver que a representação, o conhecimento teórico, é uma certa passividade de uma atividade, e é uma atividade na forma do ser-passivo.

Com a categoria da determinação recíproca ganha-se, portanto, um ponto de vista metodologicamente produtivo, mas para ela ainda é indiferente *qual* dos dois polos é determinado pelo outro, ou a qual é atribuída a realidade e a qual é atribuída a negação. Uma resposta a esta pergunta é buscada em *Fundamento*, através da aplicação das outras duas categorias kantianas da relação, ou seja, a "causalidade" (eficiência, *Wirksamkeit*) e a "substancialidade" (*Substantialität*). A síntese da *causalidade* leva à conclusão de que o não-eu em si não tem realidade, mas tem realidade apenas enquanto o eu sofre, ou é afetado, e fora de uma afecção do eu o não-eu não tem realidade alguma. Com outras palavras: algo sofre (o eu), algo age (= tem realidade, o não-eu), mas age, ou seja, tem realidade (*Ur-sache* = realidade original, causa) enquanto o eu sofre (negação positiva). A esta leitura da relação se opõe aquela fundamentada na síntese da *substancialidade*. No princípio pelo qual o eu se põe como determinado pelo não-eu (princípio da parte teórica) nos encontramos frente à contradição de que o eu é ao mesmo tempo determinante, ou seja, ativo, e determinado, ou seja, passivo. A resolução da contradição com base na substancialidade consiste neste pensamento: o eu com a atividade determina a sua passividade, e com a passividade determina a sua atividade. A substancialidade põe, portanto, o eu como totalidade da realidade (atividade), e o não--eu como quantidade de atividade negada da própria totalidade (passividade), ou compreende o eu como substância e o não-eu como acidente. Reassumindo as duas sínteses: na causalidade, a atividade é determinada pela passividade; na substancialidade a passividade é determinada pela atividade. Emerge assim uma (nova) oposição, que exige mais uma vez uma conciliação se se quiser, como se deve, guardar a unidade da consciência. Esta exigência de unificação é desenvolvida no parágrafo E do *Fundamento* e refere-se à dedução da imaginação produtiva, que completa a primeira série da dedução, e que abre a segunda série, a qual se cumpre com a dedução da representação.

A ideia de Fichte é esta: para explicar a consciência representante não são suficientes as categorias de causalidade e de substancialidade, não é suficiente a sua "troca", seja este tematizado com base na substancialidade ou com base na causalidade: se o eu se põe como determinado (substância), não é determinado pelo não-eu; se o eu se põe como determinado pelo não-eu (causa), não *se* põe como determinado. De tal modo, a oposição não é realmente conciliada. A insuficiência das categorias de causalidade e de substancialidade é tematizada pelo *Fundamento* também através da (re)construção e a refutação coligada das posições filosóficas do idealismo e do realismo, assumidas como figuras do pensamento, antes de como doutrinas históricas específicas. Assinalo que a discussão do realismo e do idealismo, reconstruídos segundo diversos níveis de profundidade, e a evidenciação de sua insuficiência para a explicação da experiência é uma metodologia de investigação que Fichte usará mesmo depois do *Fundamento*. Nesta obra, o realismo e o idealismo são tematizados em relação à categoria da causalidade, e temos o realismo e o idealismo "qualitativos" – em relação à categoria da substancialidade, e temos o realismo e o idealismo "quantitativos". Dito de forma bem sintética: o realismo explica a limitação, mas não explica a consciência que o sujeito tem dela; o idealismo explica a consciência da limitação, mas não explica por que o sujeito refere a representação a um "exterior". O limite deles consiste em sua unilateralidade, que a Doutrina da Ciência quer integrar e superar. Não por acaso esta se propõe como um "ideal-realismo" e um "real-idealismo". Em particular, entre as quatro posições agora evocadas aquela ulteriormente desenvolvível é o realismo quantitativo, que reconhece o lado realista da representação, reconduzindo-o não a uma coisa em si, mas a uma limitação dada no eu, mesmo se depois não explica este ser-dada. A explicação desta limitação no eu é a tarefa da filosofia transcendental, que – além daquela do realismo – incorpora a

verdade interna do idealismo, mas compreende o eu
definitivamente não como eu apenas teórico, mas
também como eu prático (idealismo prático).

Fichte sustenta que na constituição da representação não age apenas a "troca" de atividade e passividade, mas também o que ele chama em um primeiro momento de uma "atividade independente" disso (GA I 2, p. 305; 121), e que caracteriza como a atividade de um transferir, um passar, e também um exteriorizar. Esta é a *própria atividade* da consciência, que não é apenas consciência categorizante, mas também consciência que passa e transcorre, e que passando torna possível a ligação entre os opostos (atividade/passividade, subjetivo/objetivo) que, como determinações conscienciais, ela mesma configura através de sua atividade. O *Fundamento* designa mais tarde esta atividade independente como "imaginação" (GA I 2, p. 314; 129). A ideia de Fichte é a seguinte: para explicar a representação não é suficiente recorrer às categorias intelectuais de causalidade e de substancialidade, mas deve ser posta na raiz da vida consciencial a "mais admirável das faculdades do eu" (GA I 2, p. 350; 162), ou seja, a imaginação, aquela faculdade que faz dos opostos uma unidade (dinâmica), e assim torna possível a vida da consciência como uma série temporal contínua. Ora, os opostos (subjetivo/objetivo) são unificáveis no aspecto em que são iguais, ou seja, em sua "determinabilidade" (*Bestimmbarkeit*), e a obra unificadora da imaginação consiste exatamente em fixá-los e firmá-los como determináveis um para o outro, ou em estender no sentido temporal o limite que existe entre eles – ou seja, em fazer deste limite "um momento" – para que lhes seja possível uma relação dinâmica.

Fichte compreende este agir da imaginação como um "oscilar" (*schweben*, flutuar, planar) entre a determinação e a não determinação, entre o finito e o infinito. Flutuando entre os opostos, ou planando acima deles, a imaginação "estende a um momento do *tempo* o estado do eu nela" (GA I 2, p. 360; 171). A imaginação temporaliza, fluidifica as separações. Dessa forma, dispõe para as outras faculdades de ânimo um substrato intuitivo de imagens distendido no tempo que está na profunda gênese da representação. A realidade *para nós* – ou seja, a representação – em outros termos se torna possível pelo agir da imaginação. Isso porém não significa uma prevalência unilateral (idealística) da atividade. Uma das características centrais do *Fundamento*, junto à tematização da imaginação, é a concentração na noção (de cunho principalmente realista) do "travo" (*Anstoß*). Nenhum agir da imaginação é pensável sem que ocorra sobre a atividade do eu que tende ao infinito (sobre isto, falarei mais) um travo, que entretanto como tal emerge apenas no agir e no agir do próprio eu. Sem travo, sem encontro com "outro", nenhuma representação, nenhuma realidade para nós.

Na dedução da representação, que conclui a parte teórica do *Fundamento*, Fichte expõe uma teoria das funções do ânimo a partir do agir da imaginação.

Esta, ao planar entre os opostos – um planar que não elimina os opostos, mas fluidifica sua rigidez e institui sua relação dinâmica – produz a "intuição" (*Anschauung*), ou um complexo de intuições em movimento. Sobre a intuição opera, de uma só vez, o "intelecto" (*Verstand*), que pode ser descrito como "a imaginação fixada pela razão" (GA I 2, p. 374; 184) e que tem a função de fixar e estabilizar a intuição. Com outras palavras: a imaginação, imaginando, produz realidade, não no sentido de que a "crie", mas no sentido de que *em relação ao "travo"* dispõe um fluxo intuitivo de imagens sobre o qual se exercita a compreensão. De sua parte, o intelecto é a "faculdade do real", no sentido de que só nele é realidade: apenas no intelecto, que é definido também como "puro receptáculo" daquilo que é imaginativamente produzido, o fluxo intuitivo é estabilizado e/ou "realizado". Na constituição da representação agem também a "faculdade do juízo" (*Urteilskraft*), que é a livre capacidade de refletir sobre objetos já postos no intelecto, de abstraí-los, e de pô-los novamente no intelecto com maior determinação; e a "razão" (*Vernunft*), que se apresenta como uma absoluta faculdade de abstração, e é a faculdade de "pôr absolutamente". Já consideramos esta atividade da razão no primeiro princípio da filosofia.

Com esta ideia de razão termina a parte teórica do *Fundamento* e se inicia aquela prática, chamada também "ciência do prático". Esta tem a tarefa de mostrar que a razão não pode ser teórica se não é prática, ou que sem uma faculdade prática no homem não haveria inteligência, pois é na praticidade da razão que reside a possibilidade da representação. A ideia central de Fichte poderia ser enucleada como segue. A proposição sobre a qual se fundamenta a "ciência da prática" é assim formulada: "O eu se põe como determinante o não-eu" (GA I 2, p. 385; 195). Fichte observa que nesta proposição está compreendida uma "antítese capital", entre o eu como inteligência (eu representante) e por isto limitado, e o mesmo eu como "ser absolutamente posto" e por isso ilimitado (eu puro, razão pura), evocado no primeiro princípio do *Fundamento*. Uma tal antítese obriga a admitir "como meio de unificação uma faculdade prática do [próprio] eu" (GA I 2, p. 386; 196). Compreende-se disso que a filosofia teórica levanta um problema que não resolve, e que (kantianamente) reenvia à filosofia prática. Fichte explica que a oposição entre a atividade infinita e a atividade finita do eu daria lugar a uma contradição insuperável se o eu fosse posto como infinito e finito "em um só e mesmo sentido". A mediação buscada, se não deve ser uma solução fictícia, deverá portanto determinar *em qual sentido* se poderá afirmar que o eu é infinito e ilimitado e *em qual sentido* é finito e limitado. O eu é infinito e ilimitado enquanto a sua atividade retorna em si mesma; o eu é finito e limitado enquanto a sua atividade não ocorre em si mesma, mas se dirige a algo que está em frente (*Gegenstand*) e resiste. Portanto, esta duplicidade do eu é compatível com a sua identidade apenas se existe uma *forma de relação* que consinta unir a atividade do eu sobre si mesmo (a *Tathandlung*), que é o fundamento de qualquer outra atividade consciencial, e a sua atividade mediada ao que está em frente e resiste, em virtude da qual apenas se apresenta um objeto representado *pela consciência*. Esta forma de relação é o esforço *(Streben*, tendência):

> A atividade pura do eu, penetrando-se em si mesma, é, em relação a um objeto possível, um esforço, melhor [...] um esforço infinito. Este esforço é a possibilidade de todo objeto ao infinito: sem esforço, não há objeto. (GA I 2, p. 397; 207)

O tender é a razão pura em relação ao seu ser atividade objetiva. Em outras palavras: a razão pura (a ação-em ato) em sua abertura transcendental age basicamente na consciência humana − que é sempre consciência de algo − como um tender ou *como uma faculdade prática*. Eis uma outra elaboração fundamental:

> *O eu é infinito, mas apenas segundo o seu esforço; ele se esforça para ser infinito. Mas no conceito de esforço já está compreendida a finidade, porque o que não* se contrasta não é um esforço. (GA I 2, p. 404; 216)

É porque é prático, ou seja, é esforço, que o eu é representante, ou seja, encontra e representa outro: sem esforço, nenhum objeto.

O esforço é impensável sem uma exigência absoluta. De sua parte, a exigência absoluta, que pode ser concebida como um imperativo categórico, como a exigência de que tudo deva concordar com a razão (com o *logos*), é a forma constituinte do tender. É sabido que Hegel acusou Fichte, no escrito sobre *Diferença do sistema filosófico de Fichte e de Schelling*, que "a exigência (*Forderung*) maior no sistema fichteano continua sendo apenas uma exigência",⁵ e não pode ser resolvida em uma autêntica síntese. Todavia, a exigência de que Fichte fala aqui não é uma exigência simplesmente "subjetiva", formulada pelo eu empírico, mas um *ato da razão*. Em outras palavras: o imperativo categórico é a lei da razão *ativa no mundo* através da iniciativa de uma consciência infinita/finita. Assim a faculdade prática é "constitutiva de realidade". Esta realiza aquela mediação entre eu puro e eu inteligente que resolve a "antítese capital" de onde se iniciou a busca da ciência do prático, enquanto põe no ser uma síntese aberta e "praticável" entre abertura intencional infinita e encontro com uma alteridade que trava.

O eu, se é tal, não apenas é tendente, ou seja, esforço, mas também autorreflexivo. O eu tendente é sempre ser-de-reflexão, e é prático ou teórico se o seu refletir sobre si parte da ideia que reside à base de

---

5 *Cf.* HEGEL, G. W. F. *Differenz des Fichteschen und Schellingschen Systems der Philosophie* (1801), in Id., *Werke 2, Jenaer Schriften 1801-1807*. Frankfurt am Main: Suhrkamp, 1990, p. 68; tradução italiana *in:* HEGEL, G. W. F. *Primi scritti critici*, editado por Remo Bodei. Milão: Mursia, 1981, p. 54.

seu tender ou então se se dirige ao travo que ocorre sobre o próprio tender. Em particular, o eu prático e o eu enquanto tende à ideia e a quer declinando-a na série do ideal; o eu teórico é *o mesmo* eu tendente enquanto percebe o travo e se forma uma representação da alteridade que trava – representação que por sua vez se relaciona com um juízo que valida a série efeitual à luz do ideal. Deve estar claro que temos de lidar não com dois eus, mas com o mesmo eu, que é tendente e refletidor, é portanto prático-teórico, e que se manifesta como prático ou como teórico em virtude do modo fundador da autorreflexão.

A partir do esforço são enucleadas do *Fundamento* as funções do eu prático (impulso, sentimento, aspiração, desejo), que são especificações ou "extrinsicações" do tender, e que, assim como as funções teóricas, *também como fundamento deste* têm um caráter constitutivo de experiência global, e não apenas regulador. O eu "se esforça" para configurar a factualidade representada segundo um ideal de harmonia, que é harmonia a ser sempre reconquistada entre impulso e agir, é completude do eu em si mesmo, e tem uma refração subjetiva em um sentimento de prazer, ou melhor, em um sentimento de contentamento, de preenchimento e de cumprimento. A coetânea *O destino do erudito* (1795) acentuou a dimensão intersubjetiva e social da tão buscada harmonia, como relação ordenada, comunicativa e cooperativa entre os seres humanos. A relação de base entre estes humanos – ressalta esta obra – não pode realmente ser aquela da subordinação, mas sim aquela da coordenação e do dar-receber comunicativo.

Este último ponto, a sociabilidade e socialidade do ser humano, clama por outro tema essencial, que é sim colocado em foco na doutrina do direito daqueles anos – *cf.* No *Fundamento do direito natural* (1796--1797) o segundo teorema da dedução do conceito de direito –, mas que propriamente pertence à própria estrutura fundamental da Doutrina da Ciência, no que tange à gênese da consciência humana, portanto acho oportuno falar dele agora. A tese original de Fichte – que destrói de fato a acusação de "solipsismo" levantada contra a Doutrina da Ciência – é a de que o eu da consciência humana comum, o eu desejante e inteligente, vem a si mesmo apenas em razão de um "apelo" (*Anruf*), ou de um "convite" (*Aufforderung*) à liberdade que pode vir apenas de um outro eu desejante e inteligente. O eu é aquele eu que é em razão de um tu (para ele). O apelo é a figura que o travo assume no nível da cossubjetividade: não o encontro (travo) com um simples objeto factual, mas o encontro com um (outro) eu e o seu convite à liberdade é a experiência original que comanda a constituição da autoconsciência. O eu finito/infinito – o eu da consciência – encontra a si mesmo *como* eu, ou seja, como desejante e inteligente, enquanto *se* encontra como um "ser-determinado à autodeterminação", ou seja, como um "ser" *convidado à liberdade*. Em outros termos: o eu se encontra *como tal* apenas em virtude de uma interação comunicativa de apelo e (livre) resposta, em um horizonte original inter-subjetivo. Segundo uma conhecida formulação do *Fundamento do direito natural*:

> O homem [...] se torna um homem apenas entre os homens; e não seria nada se não fosse um homem: se em geral devem (sollen) existir homens, então devem existir muitos. (GA I 3, p. 347; 36)

A *Doutrina da Ciência nova methodo* – que pertence ao segundo ciclo de aulas em Jena (ver abaixo) – por exemplo se expressa sobre este aspecto da teoria assim: "A razão individual não pode se explicar por si mesma [...]. Um é desenvolvido apenas mediante o outro" (GA IV 2, p. 177-178).

4. A raiz da consciência

Já consideramos a relação dialética entre exposição e sistema (do espírito humano), e o fato de que cada exposição pode, segundo Fichte, partir de pontos de início diversos da reflexão. O *Fundamento* – que Fichte sustenta que é sempre válido em seu conteúdo, tanto que republicou a obra em 1802, mesmo que não satisfeito com sua exposição: "eu a considero extremamente imperfeita", escreve a Reinhold em 21 de março de 1797 (GA III 3, p. 57) – partia, como vimos, do princípio lógico de identidade. Bem, no programa de aulas para o segundo semestre de 1796-1797 em Jena, Fichte anunciava ter tratado sobre "os fundamentos da filosofia transcendental com base em um novo método, e de forma muito mais veloz, segundo um manuscrito, mas referindo-se a seus livros" até então publicados (*cf.* GA IV 2, p. 4). Esta nova exposição se concretizou na já mencionada *Doutrina da Ciência nova methodo* – o título não é de Fichte, mas deriva do anúncio citado – que é desenvolvida em aulas universitárias e cuja elaboração abarca os anos 1796-1799 (por isso falarei sobre segundo ciclo de Jena).[6] Formulando a coisa de forma muito sintética, o "novo método" consiste exatamente do fato de que nesta elaboração o prático e o teórico são tratados de forma unificada ("andamento muito mais natural") e não em sucessão, como no *Fundamento*. Além disso, o ponto de início não é um "fato" (lógico, A=A), mas representado por uma tarefa de reflexão: "projetar o conceito do eu e observar como se procede ao fazê-lo" (GA IV 2, p. 32). O âmbito da reconstrução reflexiva é, portanto, a consciência concreta, da qual vêm a tema a constituição e a raiz. Alguns estudiosos ressaltaram, em tal sentido, que a Doutrina da Ciência é uma ontologia (auto)crítica da consciência real.

Uma parte da nova exposição da Doutrina da Ciência foi publicada por Fichte, entre 1797 e 1798, no já citado "Philosophisches Journal einer Gesellschaft Teutscher Gelehrten", que ele dirigia junto com

---

6 Da *Doutrina da ciência nova methodo* não restou o manuscrito das aulas, mas temos cópias de ouvintes, em particular a cópia conseguida na Biblioteca universitária de Halle an der Saale (de autor ignorado) e aquela de Karl Christian Friedrich Krause. A cópia conservada em Halle está publicada em GA IV 2, p. 17-267. A de Krause está em GA IV 3, p. 321-523. Em GA IV 3 (p. 151-196) aparecem também publicados quarto grandes fragmentos de uma cópia de *Nova methodo* de Friedrich August Eschen (aluno em Jena desde 1796).

Friedrich Niethammer. Trata-se do *Ensaio de uma nova exposição da Doutrina da Ciência*, cuja publicação ficou, porém, interrompida depois da impressão das duas introduções e do primeiro capítulo (*cf.* GA I 4, p. 167-281). As aulas *Nova methodo* e estes textos no "Philosophisches Journal" pertencem ao mesmo fundo teórico, e apresentam uma "nova impostação" – segundo uma expressão de Luigi Pareyson[7] – da Doutrina da Ciência.

Como já citei, esta nova exposição nascia também da insatisfação de Fichte com a exposição dada no *Fundamento*. Escreveu a Reinhold, na carta já mencionada, que no *Fundamento* "muitas centelhas de espírito fagulham, mas isto não forma *uma* chama" (GA III 3, p. 57). Ora, as duas introduções ao *Ensaio de uma nova exposição* tinham o escopo – que Fichte considerava concluído – de confrontar esta carência de forma positiva. Em particular, descreviam o ponto de vista do qual o filósofo transcendental considera o ponto de vista do saber (comum e científico) e a sua "disposição de ânimo" na especulação. Como tais, elas pertencem àquela que, segundo uma distinção do escrito programático *Sobre o conceito* (*cf.* o prefácio da segunda edição de 1798), chama-se "crítica" da filosofia, diferente da "metafísica". A crítica é a investigação sobre a possibilidade, sobre o significado e sobre as regras da metafísica, a qual, de sua parte, é a "dedução genética" daquilo que se

---
7 Cf. Fichte. *Il sistema della libertà*, 2. ed. aumentada. Milão: Mursia, 1976, segunda parte.

apresenta em nossa consciência (*cf.* GA I 2, p. 159ss.; 7ss.). Aqui colhemos a repercussão da "mudança" kantiana em relação à tradição. A crítica é filosofia da filosofia, e a metafísica (como já em Kant) não é realmente liquidada, mas constituída com bases legitimadas com tom crítico-cognitivo.

Em particular, a primeira introdução define qual a tarefa da filosofia e qual a visão filosófica que apenas ela pode corresponder às exigências que se abrem a partir da própria tarefa. A tarefa da filosofia é dar a razão (*Grund*) de cada experiência. A filosofia que consegue resolver esta tarefa é aquela que Fichte chama de "idealismo transcendental", cujo "objeto" é o agir da inteligência. Já vimos esta visão quando falamos do estado-de-ação (*Tathandlung*), ou do "pôr-se" do eu-razão, expressado no primeiro princípio fundamental (*Grundsatz*) do *Fundamento*. O idealismo transcendental é aquela filosofia que dá a razão da experiência com base nas leis que pertencem à essência do agir da inteligência. Por isto o idealismo transcendental – que a Doutrina da Ciência atualiza – é diferenciado do sistema que se opõe a ele, ou seja, o "dogmatismo", em que o "objeto" é a coisa em si, a qual porém não pode realmente ser fundamento da experiência, por se tratar de uma escogitação mental à qual o filósofo dogmático tenta em vão conferir realidade. Por outro lado, o idealismo transcendental (chamado também de idealismo crítico) não equivale realmente a idealismo arbitrário ou dogmático: o agir da inteligência é liberdade e é *exatamente por isto* determinado por leis – há um ensaio sobre isto no *Fundamento* – que são intrínsecas ao agir e "constituem um sistema". Quanto à disposição de ânimo do filósofo na especulação, Fichte explica que a alternativa entre idealismo e dogmatismo pode ser dissolvida apenas pela "liberdade do pensamento" (GA I 4, p. 194; 17), ou seja, por uma livre iniciativa, cujo fundamento reside no interesse. Mas de qual interesse se trata? O interesse supremo é aquele "para nós mesmos", e este pode ser satisfeito de dois modos: através de uma confiança fundamental na liberdade que constitui o fundo de nós mesmos, ou seja, colocando-se no risco da liberdade, e abandonando-se a esta no mesmo ato em que se assume sua consciência, ou então apoiando-se nas "coisas" e recebendo o próprio eu como uma simples reflexão destas. O idealismo (transcendental) é o aprofundamento consequente da consciência da liberdade, o "sistema da liberdade".

O dogmatismo é a tentativa (impossível) de explicar a liberdade partindo das coisas, com a pretensão de preencher um hiato, da coisa à consciência, que nenhuma excogitação mental pode preencher. Disto se compreende que o interesse por nós mesmos não tem, segundo o idealismo transcendental, nenhum caráter egoísta: é o interesse pela nossa realidade profunda, o *Selbst*, ou *a fé na autonomia e a liberdade*. E se compreende também o sentido da conhecida expressão contida nesta primeira introdução:

> *A escolha de uma filosofia depende do que se é como homem: um sistema filosófico, realmente, não é um*

> *instrumento morto, que se pode rejeitar ou aceitar a bel-prazer: ao contrário, é animado pela alma do homem que o possui.* (GA I 4, p. 196; 19)

Fichte não fala de uma opção arbitrária, mas de uma escolha que ao menos no caso do idealismo transcendental pode dar conta de si mesma e da posição oposta, coisa que o dogmatismo não consegue fazer. Bem, esta escolha nasce de uma disposição profunda da pessoa, a qual *ou* é impulsionada por uma "fé nas coisas" e recebe o próprio eu apenas por reflexo – tomando-se, segundo uma eficaz expressão do *Fundamento*, mais por "um pedaço de lava na lua do que por um *eu*" (GA I 2, p. 326 nota; 141 nota) –, ou então é animada pela fé na liberdade e na autonomia. O idealismo transcendental é a filosofia da liberdade, a "ciência da liberdade" (Xavier Tilliette).[8]

Na segunda introdução ao *Ensaio de uma nova exposição da Doutrina da Ciência* encontramos uma potente declinação deste tema do fundamento da experiência com o tratado da intuição intelectual: "A intuição intelectual é o único ponto firme de qualquer filosofia" (GA I 4, p. 219; 48). Nasce espontaneamente a pergunta de se esta afirmação de Fichte é compatível com sua fidelidade expressa a Kant, o qual por sua vez contesta, como sabemos, que o *nosso* intelecto tenha uma intuição similar. Fichte argumenta que a Doutrina da Ciência não compreende realmente a intuição intelectual como uma intuição do *ser* em si, o que já

---
8 *Cf. Fichte, la science de la liberté*. Paris: Vrin, 2003.

havia sido excluído por Kant, e ainda pelo próprio Fichte (pensemos em sua crítica da coisa em si), mas a compreende como intuição do *agir* da inteligência. Por outro lado, Fichte está convencido de que Kant *de fato* admite e utiliza *esta* noção de intuição intelectual, mesmo se não reconhece este fato ou não o explicita. Ele se refere a dois passos kantianos fundamentais em que julga operar de fato a intuição do *agir* da inteligência: a consciência do imperativo categórico e a apercepção pura, e conclui que sem o mesmo pressuposto que está na base da Doutrina da Ciência – ou seja, a intuição intelectual – "é impossível pensar que se possa compreender uma só frase de Kant, em coerência com as outras" (GA I, 4, p. 227; 56). É bem improvável que Fichte na segunda introdução tenha querido se distanciar daquelas teorias que, como acontecia por exemplo nas *Cartas filosóficas sobre o dogmatismo e o criticismo* (1795-1796) de Schelling, referiam-se sim à sua filosofia, interpretavam-nas a intuição intelectual em um sentido mais "spinoziano", ligando-a definitivamente a um "ser", mesmo que ao ser absoluto, e não a um agir. Fichte pretende reclamar, em vez disso, a intuição intelectual *para o eu* da consciência, e quer evitar que esta termine por ser compreendida como uma intuição e autointuição do absoluto.

Como é compreendida a intuição intelectual? A segunda introdução propõe uma distinção entre duas séries de ações da consciência: a série dos atos do eu, e a série das observações do filósofo sobre estes próprios atos, a série real e a série filosófica. Os sistemas não transcendentais têm uma só série, aquela dos pensamentos do filosofo; a sua filosofia é um mero "produto artificial". O teórico da ciência, entretanto, é metodicamente consciente da distinção que existe entre o eu que age e que ele observa (série real) e o próprio observar deste agir (série filosófica). Ele investiga por isso "um quê de vivente e ativo que gera consciência por si mesmo e mediante a si mesmo" (GA I 4, p. 209; 36), ou seja, o eu na totalidade real de seus atos constituintes. Já vimos: a filosofia é uma prática autorreflexiva do pensamento instituída por um convite a praticar o próprio pensamento. No primeiro capítulo (o único publicado) do *Ensaio de uma nova exposição da Doutrina da Ciência*, os passos iniciais desta prática filosófica são assim formulados: primeiro: "Pensa tu mesmo, e observa como o fazes"; segundo: "Observa *o teu observar* de tua autoposição" (GA I 4, p. 274; 161). No primeiro passo, elevamos-nos a um "conceito do eu" como um "pensar retornante em si", um agir sobre si mesmo. Com a "observação" exigida no segundo passo revela-se, porém, (a nós, filosofantes) que no pensar *em si*, ou seja, no ver-se como atividade retornante em si mesma, o eu é imediatamente consciente de si. Fichte explica a necessidade de (pôr) *esta* "consciência imediata" com o argumento da impossibilidade de um regresso ao infinito para explicar a existência de uma consciência *real,* que é ao mesmo tempo sempre consciência de algo (consciência objetiva) e consciência de si (autoconsciência). Em outros termos:

a "consciência imediata" aqui em jogo *não* se identifica com a autoconsciência como consciencialização reflexa (secundária) de si por parte de um eu real e nem com a consciência do objeto; é, entretanto, a apercepção original (Kant) que torna possível o reflexo do eu sobre si e a consciência objetiva. Ora, esta consciência imediata é – explica Fichte – aquilo que a língua científica chama de "intuição". Devemos dizer, portanto: consciência objetiva e autoconsciência existem porque o eu é em seu fundo intuição vivente. O eu é em sua raiz *esta* intuição, e *ao mesmo tempo* esta intuição pertence ao eu e diz respeito a ele. Eis a intuição intelectual. Nenhum agir consciencial é pensável sem a presença no ato, a função, da intuição intelectual, que deve ser compreendida, definitivamente, como o "princípio de vida" que estrutura a partir do interior o viver e o viver-se da consciência real.

A intuição intelectual que deve ser colocada como fundamento da explicação filosófica da experiência para *dar conta da própria experiência*, como exigia a primeira introdução, é o resultado da abstração que o filósofo efetua sobre a intuição intelectual que age no eu real. Ora, na observação filosófica – por isso, na série do pensamento –, a intuição intelectual se apresenta ao filósofo como um fato de (sua) consciência, mesmo se na série real do eu esta é ato. A tarefa da filosofia (transcendental) é – como sempre – passar do "fato" à "possibilidade" (compreenda-se: possibilidade *de jure*). Isto se obtém apenas confirmando "em algo maior" aquela "*fé*" na realidade da intuição intelectual da qual parte o idealismo transcendental (*cf.* GA I 4, p. 219; 47). No parágrafo 5 da segunda introdução afirma-se que é possível apenas pensando a presença em nós da lei moral: "Na consciência desta lei, a qual, sem dúvidas, não é obtida a partir de outro, mas é uma consciência imediata, é fundada a intuição [intelectual] da autoatividade e da liberdade" (*Ibidem*). A consciência da lei moral fornece o fundamento de legitimação da *realidade* da intuição intelectual. Não me parece errado ver aqui uma versão da aceitação e da reelaboração, por parte de Fichte, do primado kantiano do prático, que já encontramos no *Fundamento*, um primado que, porém, não desvaloriza realmente a função dos momentos teóricos e representativos na formação da experiência.

Para aprofundar este significado fundamentador do prático na Doutrina da Ciência é oportuno referirmo-nos ainda, a partir da segunda introdução, à distinção entre o eu como intuição intelectual e o eu como ideia: "Do primeiro parte toda a filosofia; em direção ao segundo ela caminha" (GA I, 4, p. 266; 98). No eu como intuição intelectual temos a "forma da egoidade", ou seja, o agir que retorna em si mesmo; no eu como ideia temos a "matéria da egoidade", ou seja, o ser racional enquanto representa a razão universal em parte completamente em si mesmo e em parte fora de si "no mundo", aquele mundo que deve ser compreendido como um mundo de eu, um Universo monadológico de seres livres sob leis morais. Já me referi nas páginas anteriores à fundamentalidade do inter-subjetivo na Doutrina da Ciência e ao influxo de Leibniz sobre esta doutrina. Ora, Fichte acentua que esta ideia pode ser apresentada apenas na parte prática da filosofia, como "fim supremo do tender da razão". A ideia (da razão) não é, portanto, um *objeto* da razão especulativa, de que o sapiente faz matéria de contemplação. Ela representa, em vez disso, a *tarefa* da própria razão, que em sua raiz é prática, e delineia o *"destino* do homem", o qual naqueles mesmos anos é colocado como tema por Fichte na obra homônima de 1800, que enucleia a visão "antropológica" que se desenvolve a partir da Doutrina da Ciência.

"Prático" em Fichte não se identifica com "moral", mas tem um significado mais amplo: é a estrutura, o modo de ser da consciência que atualiza a dimensão pulsional, desejante e volitiva da própria consciência. A dimensão que fundamenta o prático é colhida também pelo vértice que atinge a elaboração da *Doutrina da Ciência nova methodo*. Nesta, encontramos uma "fenomenologia genética" da consciência, elaborada na unidade de seus momentos práticos e teóricos, ou melhor, como já sinalizei, desenvolvida com um "novo método". O discurso parte do fator prático e transfere o fator prático ao teórico, explicando este a partir daquele (*cf.* GA IV 2, p. 17). Parte-se da consciência de escopo (de um fator prático-teórico) para enuclear pouco a pouco a dimensão pulsional da consciência, a sua estrutura reflexiva, espacializante e temporalizante, até chegar a seu centro genético reconhecido na "vontade pura" (*reiner Wille*). Deste centro são elaborados sinteticamente os momentos fundamentais da consciência real, que Fichte concebe como uma "síntese quíntupla": o eu, o seu momento ideal e intencional, o seu momento factual e representativo, o mundo dos indivíduos como correlacionado ao momento ideal, o mundo das coisas como correlacionado ao momento factual. Este motivo da "quintuplicidade" da consciência, ou melhor, de que esta seja constituída por uma quintuplicidade de momentos ou fatores, além de pela ocorrência da liberdade, é um aspecto fundamental da Doutrina da Ciência, e assume versões diferentes nas várias exposições desta.

Segundo a linguagem de *Nova methodo*, o eu da consciência real é ao mesmo tempo atividade real e atividade ideal, ou liberdade e inteligência, é praticidade e reflexão, as quais se determinam mutuamente, mesmo que segundo perfis diversos. Sem atividade real não se dá atividade ideal, porque a faculdade prática é o fundamento da existência da atividade ideal; *ao mesmo tempo porém* nenhuma atividade real é possível sem atividade ideal, ou seja, sem reflexividade e reflexão. Portanto, a faculdade prática (a atividade real) fundamenta a atividade teórica (ou representativa). Ao mesmo tempo, todavia – dado que o eu da consciência real é completamente um ser-de-reflexão, e o seu ser é um pôr-se ciente, mesmo que certamente segundo níveis diversos de autoconsciência – a faculdade prática, por ser faculdade *do eu*, deve ser mediada pela atividade ideal, ou seja, pela inteligência, enquanto parte integrante do *pôr-se prático* do próprio eu. O conceito de atividade do eu que corresponde a esta constituição (prático-teórica) do próprio eu é – como já sinalizei – o conceito de escopo (*Zweckbegriff*). Em outros termos: o conceito que media o pôr-se do eu como atividade livre não pode ser um conceito que simplesmente reflete um estado de coisas (conceito-cópia = *Nachbild*), mas deve ser um conceito que *pré-figura* aquilo que deve ou pode ser (= *Vorbild*), e este é o escopo. Com a posição do conceito de escopo, porém, estamos ainda longe de ter atingido o fundamento da consciência real, porque com tal conceito permanece uma certa exterioridade, segundo Fichte, entre idealidade e realidade, conhecimento e liberdade, desejado e desejante. Bem, esta dificuldade é insuperável *se* o querer que consideramos é apenas aquele que Fichte chama de "querer empírico", e que concebe como um passar (*Übergehen*) – ou melhor, como um determinar-se – de uma esfera determinável, ou seja, de um complexo de possibilidades, a uma determinação, ou seja, a uma escolha entre os possíveis. No querer empírico, de fato a posição do escopo – ou seja, a eleição de algo entre os possíveis como o escopo da ação – continua externa à autodeterminação, ou seja, à posição da liberdade. A consciência do escopo se apresenta "antes" ou "depois" do fato concreto do querer, não em unidade intrínseca e atual com este. As coisas são diferentes se como fundamento do querer empírico é posta aquela que Fichte chama de "vontade pura", e que compreende como a energia que fundamenta e torna possível em ato aquele passar do determinável ao determinado, do possível ao efeitual, que se expressa na deliberação e na escolha. Na vontade pura estão *ao mesmo tempo em ato* a vontade e o conhecimento, a liberdade e o projeto de escopo. Nesta "são uma só coisa aquele que pensa querer e aquele que quer" (GA IV 2, p. 115; *cf*. GA IV 3, p. 424). A vontade pura não e por isto o deliberar *segundo* a possibilidade ou as possibilidades *dadas* (como a vontade empírica), mas é o *auto*determinar-se do eu, é a energia original em virtude da qual o eu, que é unidade orgânica de atividade real e ideal, assume a si mesmo, mantém-se em si mesmo e se leva à decisão. Esta energia unitária (*actus*) que reside na gênese transcendental da consciência real não se junta realmente como um acidente a um substrato-eu já feito; ela constitui o próprio ser do eu, é "a *realidade originária (raiz) do eu*" (GA IV 2, p. 148; *cf*. GA IV 3, p. 449). A ideia fundamental de Fichte é que a consciência *humana* exige que algo de *absoluto* seja explicado, ou seja, uma identidade pura e *concreta*, uma posição não condicionada – já vimos no *Fundamento*. Bem, esta posição absoluta, que torna possível o agir da consciência como unidade concreta de atividade real e atividade ideal, é para *Nova methodo* a vontade pura, que é a unidade em ato de querer e pensar, de querer o pensar e de pensar o querer, e por isto é o centro da pessoa, a energia inteligente que a constitui como tal. Daí a conclusão: "A vontade pura é [...] o fundamento de explicação da nossa consciência" (GA IV 2, p. 145). Um ponto decisivo de *Nova methodo,* portanto, é que a vontade pura se expressa "mediante um sentimento de dever". Existe uma ligação essencial entre a vontade pura e o imperativo categórico, inclusive encontramos na cópia de Krause de *Nova methodo* a lapidária afirmação: "O querer puro é o *imperativo* categórico" (GA IV 3, p. 440). Isso significa que a energia original, o ato meta-temporal que constitui o centro do eu prático-teórico, ou seja, a vontade pura, é "assinalada" por um Deve *(Soll, Sollen)*, é caracterizada e qualificada por uma exigência categórica. A vontade pura é resposta a um imperativo categórico. Este imperativo tem uma cobertura "ontológica", ou abarca sim o horizonte da moralidade, mas ao mesmo tempo vai além desta: é a exigência de configurar corretamente – no sentido tanto prático quanto teórico – a experiência humana *global*. Dito de outra forma: o Deve tem uma cobertura "ontológica" enquanto "determinação" daquela vontade pura que é o fundamento de explicação de *toda* a consciência, objetiva e subjetiva, ou o ato transcendental que possibilita o viver e o viver-se da consciência *em toda a sua questão.*

5. O princípio, a vida, a existência

Deixando Jena e se mudando para Berlim, Fichte espera ainda sempre por um aprofundamento radical da filosofia, que se concretiza em várias exposições, desenvolvidas – como já citamos na biografia – algumas frente a um público nao apenas universitário, outras para alunos de Erlangen e de Königsberg. Trata-se da chamada fase "mediana" da filosofia de Fichte, que todavia não forma um bloco único, e é rica de diferenciações internas. Nesta fase, pode-se talvez localizar o ponto de início da cesura, também existencial, representada pela chamada "disputa sobre o ateísmo", e a conclusão nos *Discursos à nação alemã* (assim o título; estes são publicados em GA II 11, p. 177-229). Também lembramos da doença de Fichte ainda em 1808, que impede por cerca de um ano seu trabalho científico efetivo. Com a nomeação em Berlim se abre, também do ponto de vista filosófico, uma nova fase.

Um fator solicitante para Fichte foi sem dúvida, como citado, a "disputa sobre o ateísmo". A partir dela ele é levado não apenas a esclarecer sua filosofia da religião, coisa que julga ter conseguido com *Destino do homem*, como escreveu a Marie Johanne. Fichte também trabalha intensamente para explicitar os princípios e conceitos fundamentais da "síntese suprema" *da própria Doutrina da Ciência*, ou seja, a síntese do "mundo espiritual", aquela síntese que segundo sua carta a Schelling de 31 de maio de 1801 ainda faltava em sua filosofia, e cuja elaboração havia sido interrompida exatamente pela controvérsia sobre o ateísmo (GA III 5, p. 45). Este programa implicava que Fichte "fosse além do eu", sem porém abandonar o intuir-se do próprio eu (o "ver" e o "ver-se"), caindo assim em um novo "dogmatismo", sem alienar-se do ato vivente da autorreflexão, como Fichte sustentava ter acontecido com Schelling. Tratava-se de realizar um aprofundamento radical do ato da razão, do "eu sou": o saber é verdadeiramente crítico se colhe a si mesmo em sua origem (transcendental), mas esta colheita comporta um reconhecimento radical no ser-em-ato da vida, de ser puramente vivente como vida, ou absolutamente como o "originário", do qual o ato da razão deve ser compreender como "manifestação" ou fenômeno (*Erscheinung*). O "pôr-se do eu" – se é compreendido, como é tarefa da Doutrina da Ciência, em modo vivente e não em maneira coisificante – é a expressão, ou a manifestação, de uma vida e de um princípio, de um "viver" e "principiar" originário e fundamentador.

Sem dúvida, a *Carta a Fichte* (1799) de Jacobi teve um efeito essencial na elaboração da Doutrina da Ciência. A carta, enviada a Fichte no clima de debate sobre o ateísmo, foi publicada em Perthes (Hamburgo). Trata-se de uma penetrante interpretação da Doutrina da Ciência considerada como cumprimento da "razão especulativa" – como um "spinozismo do avesso", segundo Jacobi – e de uma crítica da mesma à luz de uma "filosofia do não-saber", ou da "não-filosofia", da qual Jacobi quer ser porta-voz. Na *Carta*, Jacobi levanta a célebre acusação de "niilismo" (GA III 3, p. 245) contra a Doutrina da Ciência: com sua tendência "especulativa" (racionalista), a ciência do saber provocaria um esvaziamento de realidade, representaria uma aniquilação do ser e da vida. Fichte levou demasiadamente a sério a problemática levantada pela *Carta*. A obra *Destino do homem* atesta isso, podendo ser considerada como uma primeira e propositada interlocução com a *Carta* jacobiana. São testemunhos disto esboços, ainda inéditos, que deviam preparar uma resposta orgânica às questões levantadas por Jacobi. Isto é confirmado por cartas notáveis do epistolário, trocadas com Jacobi ou com outros importantes correspondentes. Em particular, diria, está porém *a sua própria filosofia* após a publicação da *Carta* que demonstra que Fichte avaliou-se após o posicionamento de Jacobi e se esforçou por apreender estímulos a partir de seu próprio pensamento, mas introduzindo neste desenvolvimento de grande porte. *Mantendo o ponto de partida transcendental* no sentido, por exemplo, da primeira introdução – aqui está a diferença com Jacobi –, a Doutrina da Ciência será realmente elaborada por Fichte também e exatamente como aquela "interpretação da existência" e da vida à qual, aos olhos de Fichte, parecia tender o próprio Jacobi. Fichte no *Comunicado claro como o sol* (1801) delineou o sentido da (própria) filosofia assim:

> *Nada tem um valor e um significado incondi-*
> *cionado, a não ser a vida; todos os demais pen-*
> *samentos, poesias ou saberes só têm valor na*
> *medida em que, de uma maneira qualquer, se*
> *referem ao que é vivo, partem dele e visam*
> *refluir para ele.* (GA I 7, p. 194; 16)

Um desenvolvimento potente do assunto fundamental da filosofia fichteana é oferecido pela *Exposição da Doutrina da Ciência dos anos 1801-1802*. Em uma carta a Johann Baptist Schad de 29 de dezembro de 1801, Fichte exprime de forma eficaz a perspectiva fundamental desta exposição.

> *Ela mostrará que deve ser posto como funda-*
> *mento o absoluto (ao qual, precisamente porque*
> *é o absoluto, não se pode adicionar qualquer*
> *predicado, nem o do saber, nem o do ser, e nem*
> *o da indiferença entre os dois [alusão polêmica*
> *ao sistema de identidade de Schelling]); que este*
> *se manifesta em si como razão, se quantifica, se*
> *divide em saber e ser e apenas nesta forma chega*
> *a uma unidade diferenciada ao infinito do saber*
> *e do ser.* (GA III 5, p. 102-103)

Por contraste, a esta declaração poderia ser eficazmente ladeada uma expressão do parágrafo 5 da primeira parte da *Exposição*, que tange à perspectiva fundamental:

> *Como todavia na Doutrina da Ciência [...]*
> *jamais vamos além do saber, mas até ele, então*
> *a Doutrina da Ciência não pode partir do abso-*
> *luto, mas deve partir do absoluto saber.* (GA II 6, p. 144; 591)

Esta é a "dialética" que constitui o centro genético da filosofia. Seus termos são o "absoluto" e o "saber absoluto": o *absoluto* é o princípio enquanto tal (eu o chamaria de princípio "primariamente primeiro"); este se manifesta como "razão" – aquela que no ciclo de Jena anterior é a intuição intelectual, a egoidade, e que agora toma prevalentemente a denominação de *saber absoluto* –; a filosofia, como de resto o inteiro saber, deve pôr como seu fundamento o absoluto, mas o seu próprio ponto de partida é o saber absoluto, a razão (que por isto designaria como o princípio "secundariamente primeiro"). Portanto, o absoluto é o fundamento do saber absoluto, mas não é ponto de partida da filosofia enquanto saber do saber absoluto. Podemos daqui apreender as novidades em comparação com os ciclos anteriores, ou seja, a distinção expressa entre o absoluto e o saber absoluto (= a razão em ato, o eu sou), e também podemos perceber a permanência do "motivo transcendental", ou seja, o fato de que a filosofia *não parte do absoluto* – aqui é o ponto de polêmica com Schelling, que atravessa a troca de cartas destes anos – mas parte do saber absoluto, do "ver", da razão, e é um aprofundamento intensivo e radical, sistemático, desta.

Retomo sob outro aspecto estes conceitos. O absoluto é simples e puramente o absoluto. É um motivo fundamentador que aparece na carta a Schad, emerge poucas linhas acima da passagem citada do parágrafo 5 (primeira parte), retorna na correspondência polêmica com Schelling:

> O próprio *absoluto não é realmente um ser, nem um saber, nem identidade ou indiferença de ambos; mas é o* absoluto, *e cada palavra além disso é demais.* (carta de 15 de janeiro de 1802, GA III 5, p. 112)

Ora, porém Fichte em suas elaborações da filosofia — não apenas na exposição de 1801-1802 — juntou sim outros predicados à afirmação do absoluto, como por exemplo nomeou o absoluto como "ser", "ser absoluto", "vida", "vida absoluta", "luz". Muitas vezes depois Fichte nomeia o absoluto como Deus, e adota os dois termos como sinônimos. Dito agora de maneira extremamente imperfeita: as diversas caracterizações do absoluto, os seus "nomes", devem ser compreendidos como predicados que aparecem sempre na esfera do saber absoluto e a partir desta; são afirmações indiretas, que restituem o que querem expressar não em seu "em si" mas em sua diferença de nosso refletir. O pensamento fundamental aqui em jogo é que o saber como tal é "aparição" de um ato, ou de um princípio, ou de uma gênese que excede esta mesma "aparição" no próprio ato que se apresenta, ou *se põe* nele, tornando-o assim possível (tenhamos presente que se trata de termos, "nomes", que por sua vez são apenas projetos de compreensão em relação ao absoluto, não o absoluto em si mesmo). A Doutrina da Ciência não lida, portanto, com o absoluto, mas com o saber absoluto: se fala do absoluto, fala mediatamente, através de uma dialética especialíssima, uma compreensão do saber que regride à origem; fala disto, portanto, como o "não-saber", ou melhor, como o não-ser do saber, que deve ser pensado como a origem e o limite do próprio saber. Aqui se abre uma dimensão da qual se pode alcançar a diferença da Doutrina da Ciência, enquanto saber transcendental, dos programas primariamente "onto-lógicos" de um Schelling com seus sistemas da identidade e da indiferença, como emerge decididamente do epistolário entre os dois filósofos, e mais adiante de um Hegel com sua Lógica, que neste aspecto prossegue com a ideia – que já tinha sido de Spinoza e atualizada por Schelling – não apenas de pôr o absoluto como fundamento da filosofia, mas também de partir *dele* e de enuclear sua estrutura "onto-lógica".

A diferença entre o absoluto e o saber absoluto não exclui, na verdade, que possa ser pensada entre eles uma determinada relação. Fichte a expressa assim:

> *O absoluto entre em nossa consciência apenas na conexão em que é posto como* forma *do saber, mas de modo algum puramente em si e por si.*
> (GA II 6, p. 144; 591)

"Como *forma*" significa verossimilmente que o absoluto se apresenta na consciência como aquele princípio de ordenação – verdadeira "forma formante" do existir – que Fichte havia compreendido e nomeado como razão, inteligência, egoidade, intuição intelectual; ou, usando um termo-chave metafórico da Doutrina da Ciência, que o absoluto se apresente na consciência como forma significa que o absoluto é aquela "luz" que, por si só, torna possível o *aparecimento* do aparecimento de algo, ou seja, o saber absoluto:

> Este ser [absoluto] não é em si compressão, mas é absolutamente agilidade, pura transparência, luz, mas não luz de corpos *que a refletem*.
> (carta a Schelling, 31 de maio-7 de agosto de 1801, GA III 5, p. 48)

O que significa saber absoluto? Segundo uma primeira abordagem, "formal e tecnológica", o saber absoluto não se identifica nem com o saber de algo de "objetivo", ou seja, o saber da coisa, nem com o saber de algo de "subjetivo", ou seja, o saber de si mesmo. O saber absoluto não é em geral um saber-de--algo — assim como não é um saber-de-nada, dado que também neste último caso seria saber de algo, apenas que o nada seria este algo. A ideia de Fichte, já vista em parte, é que temos *negatio* apenas em relação a um *positio*. O saber absoluto é *aquele* saber "em que devem ser postos todos os atos e todos os fatos que ali são postos" (GA II 6, p. 145; 593). Diria ainda, com uma escolha terminológica minha, que o saber absoluto é o horizonte ativo e dinâmico da "transcedentalidade", é aquela "abertura" que fundamenta e possibiliza a vida da consciência em sua intencionalidade própria (= consciência-de-algo) e na globalidade de seus "atos" constituintes e de seus "fatos" constituídos. A esta abordagem "formal" Fichte segue com uma "explicação real" do saber absoluto. Esta se fundamenta no modo com que devemos necessariamente pensar o absoluto, na concomitante ciência de que em todo caso podemos pensá-lo apenas dentro da "forma" e a partir desta, porque apenas como forma o absoluto entra na consciência. Bem, o absoluto deve ser pensado como absolutamente *o que é* e como absolutamente *porque* é, inseparavelmente, ou deve ser pensado como subsistência absoluta, ou seja, *ser*, e como devir absoluto, ou seja, *liberdade*, em unidade. Manifestando-se, porém, o absoluto na consciência como forma, estas suas duas notas necessárias, ou seja, o ser e a liberdade, devem caracterizar aquele horizonte transcendental que fundamenta a própria consciência, ou seja, a constituição do saber absoluto. Este último será então o compenetrar-se vivente do ser e da liberdade, ou o dialético "passar" da liberdade ao ser — aqui encontra fundamento o momento objetivo do nosso saber — ou do ser à liberdade — aqui se fundamenta o seu momento subjetivo. Este "passar" por sua vez não se realiza de maneira simplesmente "objetiva" (ôntica), mas é acompanhado de uma reflexividade primária e fundante, que deve ser distinta da reflexão secundária (objetiva ou subjetiva) e que Fichte designa também com o termo "reflexo (*Reflex*)". A *Explicação da Doutrina da Ciência dos anos 1801-1802* tem, portanto, uma primeira parte — que constrói e analisa — em que encontramos uma compreensão do saber absoluto em sua organicidade, ou seja, enquanto compenetração vivente de ser e liberdade, e uma segunda parte — dedutiva — em que encontramos uma teoria da manifestação do saber absoluto, ou seja, uma reconstrução da totalidade de "pontos de vista" através dos quais e nos quais a relação dinâmica entre ser e liberdade dá forma ao "mundo" sensível e inteligível, factual e moral.

Demos agora um passo à frente. No caminho de sua reflexão, Fichte procedeu àquela que Pareyson de forma muito feliz chamou de uma "progressiva diafanização do saber",[9] ou seja, um aprofundamento *intensivo* da constituição do próprio saber que o conduzisse ao máximo possível de transparência em relação a si. É como se Fichte iniciasse *novamente toda vez* este empenho, sem esconder seus limites, suas dificuldades, seus erros, como documentam — na fase posterior — seus *Diários* (1813-1814). Bem, no ano de 1804 Fichte expõe por três vezes a Doutrina da Ciência, de 17 de janeiro a 9 de março, de 16 de abril a 8 de junho, e de 5 de novembro ao fim de dezembro.[10] Entre estas exposições uma grande atenção nos estudos sobre Fichte se voltou à *Segunda exposição* (abril-junho), que me parece oferecer uma eloquente documentação sobre este impulso teórico radical que anima a Doutrina da Ciência. Se na exposição de 1801-1802 Fichte tinha desenvolvido

---
9 *Cf.* o prefácio de Pareyson a: LAUTH, R. *La filosofia trascendentale di Fichte*. Nápoles: Guida, 1986, p. 15.
10 Em 1803, entre abril e maio, Fichte dá um *Privatissimum* (o título é seu) – ou seja, um curso privado em doze aulas a apenas um ouvinte – sobre a Doutrina da Ciência (*Cf.* GA II 6, p. 329-373). O ouvinte provavelmente foi o conde Friedrich Ferdinand Alexander Dohna-Schlobitten, que aparece como ouvinte também de outros cursos de Fichte neste período.

o saber absoluto em sua forma pura e em sua realização como (saber transcendental do) "mundo" da natureza e da liberdade, na segunda exposição de 1804 o saber absoluto é reconduzido à sua raiz, e é re-pensado a partir da posição ciente desta mesma raiz. Trata-se, como afirma a *Segunda exposição*, de realizar a filosofia segundo sua exigência constituinte, que é a de "expor *a verdade*" (GA II 8, p. 8; 59). Mas o que é a verdade, e qual é a sua exposição adequada? Bem, Fichte responde à primeira pergunta afirmando que a verdade é "a unidade absoluta e imutabilidade" da visão (*Ansicht*), ou seja – com minhas expressões –, a verdade é um saber que é um em si mesmo e estável. Este saber se diferencia da "multiplicidade e mutabilidade" da própria visão, ou seja, de um saber pluralístico e vindouro – com a tradição filosófica, que Fichte aqui de qualquer forma segue, diria-se: o saber verdadeiro se diferencia da opinião. A tarefa da filosofia, portanto, é esta: "*reconduzir toda a multiplicidade* (que se nos impõe na visão ordinária da vida) à absoluta unidade" (GA II 8, p. 8; 60). Trata-se em particular de conceber a multiplicidade da experiência humana através de um e um através da multiplicidade, de forma que a unidade se apresente como princípio da multiplicidade e a multiplicidade possa ser compreendida como iniciado pela unidade. São obscurecidos aqui dois movimentos fundamentais da filosofia: o movimento redutivo e o movimento dedutivo.

Nem toda filosofia, porém, concebe a unidade da multiplicidade de maneira adequada, e isso ocorre, por exemplo, se ela confunde o genético com o factual, ou se troca a unidade pelo que é (apenas) um membro de uma disjunção na própria unidade, ou seja, enfim, se toma a unidade por um multíplice e relativo. A regra da filosofia é realmente que nenhuma factualidade deve ser admitida se não se puder exibir sua gênese a partir da unidade. Aqui entra em ação uma tomada fundamental de posição de Fichte em relação à filosofia anterior, mas também a Kant, à "filosofia transcendental", à natureza transcendental de sua própria filosofia. A filosofia até Kant[11] pôs a unidade, ou seja, o princípio, no "ser" compreendido como "coisa", coisa em si (na mencionada segunda introdução ele havia chamado esta abordagem de dogmatismo). Todavia, quem refletir de forma adequada perceberá que o ser – compreendido como coisa – é sempre apenas um membro de uma unidade, e que a ele se opõe sempre um "pensamento" ou uma "consciência": a coisa é objeto-de-uma-consciência, e a consciência é consciência-da-coisa. Ser (coisa) e consciência (pensamento) então são apenas membros de uma disjunção situada em um outro nível "epistemológico" e não podem representar a unidade buscada. Ainda que se fizesse do ser um "eu", *porém sem pensar interiormente e energicamente a egoidade*, se cairia da mesma forma no objetivismo. Fichte

---

11   Podemos arriscar que Fichte se refira fundamentalmente ao spinozismo e à escolástica universitária.

com isso se refere, tomando distância, aos "supostos kantianos" e aos "supostos comentaristas e acusadores da Doutrina da Ciência", entre os quais a seus olhos se colocam provavelmente também Schelling e Hegel. Bem, Kant descobriu que a unidade absoluta deve consistir no princípio da unidade absoluta e inseparabilidade de ser e consciência, que é ao mesmo tempo o princípio de sua disjunção. Este princípio é chamado por Fichte de "saber puro", e é bem verossímil que Fichte aqui pense na apercepção transcendental de Kant. Kant é por isso – segundo Fichte – "o fundador da *filosofia transcendental*" (GA II 8, p. 14; 64) e a Doutrina da Ciência, que põe o mesmo princípio, é filosofia transcendental como aquela de Kant: a unidade absoluta (chamada aqui também de o "absoluto") não é a "coisa" nem o "saber subjetivo", mas a unidade de ambos. A diferença da Doutrina da Ciência da filosofia kantiana emerge com o fato de que a primeira se propõe a penetrar o próprio saber puro, e não simplesmente de pô-lo, como parece acontecer de fato na segunda. Trata-se de compreender o saber puro, ou seja, a unidade, na "sua pura autonomia em si e por si", e não apenas como um *accidens* das suas três "modificações originárias" (GA II 8, p. 26; 74), que seriam em Kant a experiência sensível (Fichte se refere com isto à primeira *Crítica*), o mundo moral (segunda *Crítica*), a não investigável raiz do mundo sensível e metassensível (terceira *Crítica*). Retorna de certo modo um motivo de Reinhold em uma versão diversa: Kant não teria reconduzido os princípios das três

Críticas a um único princípio sistemático. A essência da Doutrina da Ciência consiste na investigação daquela raiz comum que Kant, na introdução à terceira *Crítica*, tinha sim afirmado como necessária, mas que havia compreendido como não investigável; e consiste em deduzir as relativas disjunções (sujeito/objeto, metassensível/sensível) a partir da unidade de *Um* princípio.

A *Segunda exposição* de 1804 pratica esta compreensão intensiva (= a diafanização de que fala Pareyson) do saber puro, ou seja, da unidade ser--pensamento. O resultado − paradoxal, mas teoricamente bem produtivo − desta compreensão será que o saber puro é sim o "absoluto", ou seja a unidade, mas não é o "absoluto" *enquanto tal*, e isto porque o saber puro é sempre uma relação, enquanto o absoluto − pensado enérgica e interiormente − deve ser afirmado como aquilo que é livre de qualquer relação (*ab-solutum*), e que exatamente graças a esta sua posição absoluta torna possível se dar a própria relação. Dito de outra forma: o "absolutamente absoluto" deve ser pensado como o fundo vivente ao qual o saber puro, ou seja, a unidade-da-relação, retorna, e em que o saber puro se põe, compreendendo--se neste próprio ato de pôr-*se* como manifestação (*Erscheinung*) de *um* princípio. Daí as duas partes principais segundo as quais o próprio Fichte aconselha compreender o movimento das vinte e oito aulas da *Segunda exposição*: a "doutrina da razão e da verdade", e a "doutrina do fenômeno e da aparência, mas *verdadeira* e fundada na verdade" (GA II 8, p. 228; 230). A primeira parte consiste em uma "única visão", ou seja, naquela que chamaria de a inteligência (*Einsicht*) do princípio real. Esta tem "início e término" em um "único ponto", mas na realidade é preparada por um movimento redutivo/ascensivo", que compreende fundamentalmente as primeiras catorze aulas. Digo "fundamentalmente" porque agora não trato das diferenciações internas deste grupo de aulas, e as articulações específicas do caminho redutivo/ascensivo. A segunda parte pode ser chamada, como Fichte mesmo usa, de "fenomenologia" (*cf.* GA II 8, p. 234; 234); esta apresenta o movimento dedutivo/descensivo da filosofia, e tematiza o saber puro à luz da intelecção do princípio-uno, portanto no único modo em que o saber pode ser justificado (= deduzido) e reconstruído: como manifestação ou fenômeno do absoluto.

O movimento redutivo opera com base em uma "dialética" entre duas noções fundamentais, ou seja, a "luz" e o "conceito", que assumem especificações diversas no curso da elaboração, mas que — formulando a coisa de modo apenas indicativo — parecem expressar, respectivamente, a condição objetiva e a mediação subjetiva e representacional na estrutura fundamental do saber. A luz é o "centro de tudo" (GA II 8, p. 98; 98), é portanto a evidência que o saber precisa ter em si mesmo para sê-lo. Todavia, se esta evidência se deve apresentar *como* saber ou experiência, deve ser posta uma mediação (ou um trâmite, um meio: *Durch*) que a conduza a aparecer, e este é o conceito, o princípio da "distinção" e da "relação" (de "um para o outro", *Durcheinander*), o qual agora é submetido a esta "dialética": de ser o meio necessário para fazer manifestar a luz, mas também de ser apenas um meio, que não tem valor em si, porém em seu puro ser-meio. Luz e conceito: qual dos dois princípios é genético de si e do outro? O que acabei de dizer deixa que a resposta seja presumida: a luz é o centro genético, o conceito é o meio, indispensável e relativo, do aparecimento da luz, ou seja, da experiência global do ente. Para verificar e aprofundar esta resposta, a *Segunda exposição* percorre um caminho dialético que tem alguma afinidade com um procedimento que encontramos no *Fundamento*, mesmo que neste tenha sido finalizado com a explicação do saber teórico: há, portanto, uma discussão crítica das duas visões filosóficas que se autoconstituem com base em um dos dois princípios evidenciados, ou seja, o idealismo, que se baseia no conceito, e o realismo, que se baseia na luz. Aqui também, como no *Fundamento*, Fichte constrói as duas visões segundo níveis diversos de complexibilidade, e assim são distintos (e discutidos) progressivamente um idealismo (princípio: a vida da razão), um realismo (princípio: a vida em si), um realismo superior (princípio: o em si) e um idealismo superior (princípio: a energia do pensar, o absoluto). A ideia diretriz é que tanto o realismo quanto o idealismo são afetados por um limite factício e se mantêm unilaterais. Eles hipostatizam o respectivo princípio e não explicam, senão de forma factual, ou seja, *não explicam o aparecimento do outro princípio*.

A tarefa de uma filosofia transcendental é aquela de não deixar valer nada de factual, mas de genetizá-lo. Trata-se de abstrair da própria natureza da relação – ancorada em sua tematização maior, como relação entre em si e não-em si – *no próprio momento em que se reflete radicalmente sobre ela*, ou seja, diria, se a coloca em prática – segundo um nexo "dialético" de posição e autossubtração na reflexão. Bem, neste ato abstrante/refletente, e refletente/abstraente, impõe-se o pensamento (não encontro aqui outra palavra para expressar esta "consciência") de um "a partir de si, em si, por si", que Fichte caracteriza neste mesmo contexto também como

> um *esse* in mero actu, *[em que] ambos* – ser e vida, e vida e ser – *mutuamente se interpenetram ambos por inteiro, absorvem-se um no outro e são o mesmo, e este é o mesmo interior, o ser uno e único*. (GA II 8, p. 228; 230)

Compreende-se que estamos frente a uma semantização do ser diferente daquela apresentada, por exemplo, nas duas introduções de Jena: aqui o ser era objeto de frente ao sujeito, ou o ser-posto de frente ao ponente. Ora, *este* ser objetivo é apenas um ser secundário e relativo. Na *Segunda exposição* Fichte assinala a necessidade de renunciar à "substancialidade e à objetividade" para colher a realidade aqui em questão – que ele mesmo denomina "ser"- de forma não objetivante, mas "puramente interior". Não é por acaso que ele designa este princípio através de preposições reflexivas (exemplos: a partir de si, em si, por si) em vez de substantivos, para lhe significar, portanto, a "atualidade", a agilidade, o ser-gênese em ato, ou sugere compreender o termo ser como um ser verbal, ou seja, como um puro originar, ou finalmente acentua a identidade de ser e de vida. Aquilo que Fichte no início da décima-sexta aula chama de "princípio fundamental" (*Grundsatz*) é isto: "*O ser é um singular absolutamente autodelimitado de um ser imediatamente vivente que não pode jamais sair de si*" (GA II 8, p. 242; 241). *Neste* pensamento, ou nesta afirmação sobre o absoluto, a doutrina da verdade é cumprida. É necessário porém evidenciar, para responder às questões levantadas na discussão sobre idealismo e realismo, o que e como este princípio genético de si, ou seja, a vida originária – que no movimento redutivo encontramos como luz – é genético do outro a partir de si, ou seja, do pensamento, daquele mesmo pensamento, ou princípio de relação, que agiu até chegar, mediante a própria subtração pensante, ao reconhecimento do próprio princípio.

Aqui se abre o movimento "fenomenológico", no qual – como eu já disse – o saber, ou a consciência, realiza uma compreensão de si mesmos como "manifestação" (*Erscheinung*, assim: *Erscheinungslehre*) do originário "ser e vida". A ideia fundamental é a seguinte: Se, como afirma o "princípio fundamental", o ser é "a tarefa", não como uma "coisa", mas como um único ato, e por isto perfeita autossubsistência (= não pode jamais sair de si), então o que resulta como diverso do ato-uno, ou o que é multíplice e que se torna, como a consciência ou a experiência, deve ser necessariamente compreendido como manifestação do ser, e nada mais. Outra visão: o ser completo em si mesmo não pode jamais sair de si senão enquanto "se expõe", manifesta-se como saber (absoluto) ou consciência (originária).

O *Soll* (Deve) tem papel essencial na posição da consciência como manifestação do originário. Aqui podemos ter outra visão a respeito do relevo sistemático que tem o fator prático na constituição da manifestação. De um lado, a manifestação do ser vivo – que Fichte chama de "construção ideal" do ser, e que ele distingue daquela "real" (*cf.* GA II 8 p. 246ss.; 244ss.) – se fundamenta no próprio ser, ou seja, sua autoconstrução "real". De outro lado, porém, *que* a manifestação, ou seja, o saber e a consciência, aconteça não pode ser compreendido a partir de uma penetração na essência do absoluto, em que – como já citamos muitas vezes – não é consentida. Que o absoluto se manifeste, que aconteçam o saber ou a consciência, é um fato absoluto, que apenas a partir de sua apresentação pode ser reconduzido a seu fundamento. Ora, o "princípio primeiro" do ser de fato, ou seja, do fenômeno, é para a *Segunda exposição* um imperativo, ou uma exigência, ou um Deve. Se olharmos o caminho da reflexão filosófica, veremos que este na realidade sempre é inaugurado por um

Deve: por exemplo, argumenta-se que se se deve (*soll*) chegar à intelecção absoluta de que o ser se constrói absolutamente a si mesmo (ou seja, ao *Grundsatz!*), então é necessário (*so muss*) que seja posta uma construção ideal, ou seja, um saber ou consciência. Se se deve/portanto é necessário (*Soll/so muss*): este é o "modo" segundo o qual começa a investigação filosófica, que de sua parte exige o agir da consciência real. Bem, Fichte esclarece que o *Soll* é um princípio ao mesmo tempo "problemático" e "categórico": é problemático não por ser arbitrário, mas porque é uma exigência, é a posição de uma tarefa da reflexão; é categórico porque o Deve é uma condição efetiva do aparecimento, exprime uma certa necessidade prática (eu diria: de uma lógica da prática), que supervisiona a constituição da manifestação.

Na sua conclusão, a *Segunda exposição* chega a uma notável tematização daquela que eu chamaria de "a práxis da razão", a qual consiste em seu existir vivente como fazer-se-agente e fazer-se-intuinte e se manifesta como ligação vivente do em si (= imagem originária, lei) e sua reconfiguração (= imagem). É a partir deste ponto genético que são desenvolvidas as disjunções fundamentais da razão em seu fazer-se (*Sichmachen*), que é definitivamente um autoconfigurar-se, tanto no sentido teórico quanto no prático, até chegar aos princípios fundadores do eu da consciência compreendido como "efeito da razão". Trata-se dos princípios, ou "pontos de vista", da sensibilidade (objeto), da legalidade (sujeito), da moralidade (sujeito), da religião (objeto), aos quais se adiciona o ponto de vista que compreende unitariamente estes pontos de vista do ato da razão, ou a ciência (transcendental). Estas são, para Fichte, as formas fundamentais do espírito humano. Nos encontramos agora frente a uma outra versão da quintuplicidade da consciência, que é retomada também na *Introdução à vida feliz ou doutrina da religião* (1806), na qual é ressaltado que estes pontos de vista são "visões de mundo" – formas de ver o mundo e de ver-se ao mundo a partir do eu – e são *ao mesmo tempo* experiências do ser vivente sustentadas por um "afeto fundamental" do próprio ser. Têm, poderia-se dizer, um caráter cognitivo e prático-existencial *ao mesmo tempo*, e como tais são figuras da vida espiritual, tornadas fato graças a uma determinação livre.

Também na *Doutrina da ciência 1805*[12] – que está estritamente ligada às exposições de 1804 – podem-se distinguir dois momentos, que eu designo doutrina da existência (da primeira à décima oitava aula) e doutrina da forma (as onze aulas restantes). O assunto inicial do primeiro momento parte da questão: "*o que é* o saber em si" (GA II 9, p. 180), e é expresso assim: "O saber é em si a absoluta [existência], ou

---

12 A *Doutrina da Ciência 1805* é apresentada na universidade de Erlangen em 29 aulas, de 18 de junho a 3 de setembro daquele ano. O manuscrito designa a última como "Trigésima aula", mas não foi encontrada uma aula numerada como vigésima nona, portanto o manuscrito é composto realmente de 29 aulas (*cf*. Prefácio em GA II 9, p. 175). O manuscrito ficheano leva o título: "Quarta exposição da Doutrina da Ciência. Erlangen, verão de 1805", um título que liga imediatamente esta exposição às três anteriores, de 1804.

– o que significa o mesmo – [...] a existência do *absoluto*" (GA II 9, p. 185). Na *Doutrina da ciência 1805*, a investigação filosófica se volta ao que eu designaria a implicação originária do princípio originário, ou sua *existência*. A tese central da qual ela gira é a de que a existência (*Existenz*) pode ser compreendida em sua essência *apenas* como "relação a um ser" (*Beziehung auf ein Seyn*, GA II 9, p. 198; mas Fichte utiliza em outros lugares também o termo *Relation*). Trata-se porém de uma relação que não se coloca realmente como um terceiro termo, intermediário, entre um sujeito de relação (ou seja, a existência) e um termo de relação (ou seja, o ser), mas que se resolve completamente no ser-relação ao ser: "A existência é apenas em relação (*Beziehung*) ao ser, em relação (*Relation*), relativa" (GA II 9, p. 190). A existência é o próprio ser no *aqui*, em seu manifestar-se imediato.

O ser-relação, se leva à expressão a unidade íntima de existência e ser, não consente porém na anulação da diferença entre estes. A existência *não* é o ser, é *apenas* relação ao ser. Com uma peculiar expressão fichtiana: a existência é o "enquanto" (*als*), ou não o ser puramente e simplesmente, mas o ser em uma sua "imagem compreendente *(intelligierend)* e reconstruinte". No ser e como relação ao ser, a existência é o próprio ser *enquanto* representado. Neste sentido, deve-se dizer que a existência é "o pensamento do ser" (GA II 9, p. 195). Como ressalta também, por exemplo, a *Introdução à vida feliz*, a existência coincide com o saber (absoluto), aquele saber que deve ser compreendido em seu núcleo genético como *relação ao ser*, ou seja, como o ser no aparecer enquanto pensar vivente. Com a finalidade de expressar esta ideia de existência como relação ao ser, Fichte usa uma imagem metafórica, que já vimos: *luz*. Na obra contemporânea *Lógica. Erlangen 1805*, ele diz que o uso da metáfora se conecta com a essência da linguagem, e é justificado na filosofia com a condição de que seja respeitado o primado da "construção interior". Bem, a *Doutrina da ciência 1805* afirma: "A luz é a relação absoluta" (GA II 9, p. 211). "A luz é a existência e a existência é a luz" (GA II 9, p. 215). A luz não é uma coisa, mas o ato que deixa aparecer e torna visível os entes, ou deixa serem os entes *como* entes, e que como tal constitui a condição de possibilidade do fenômeno enquanto fenômeno. Abre-se com isto uma possibilidade nova de pensar a egoidade do ciclo de Jena. É bem sabido que Schelling, em *Filosofia e religião* (1804), havia caracterizado a egoidade – e neste ponto ele se refere a Fichte – como o "ponto da máxima distância de Deus", e sustentado que uma filosofia que tenha a egoidade como princípio pode ter como resultado "apenas uma filosofia negativa".[13] Agora me abstenho de discutir esta interpretação da egoidade fichteana.[14] Lembro apenas

---

13 F.W.J. *Schellings Werke*. Stuttgart; Augsburg: Cotta, 1856-1861, VI, p. 42 e 43.
14 Indico para isto LAUTH, R. *Schelling vor der Wissenschaftslehre*, nova ed. completamente reelaborada. Munique: Christian Jerrentrup, 2004.

que a *Doutrina da ciência 1805* – retificando esta interpretação de Schelling – evidencia que o princípio do eu é *interno* à existência do absoluto, mas é tal na forma de um *principiado*. Lemos: o eu "é o fundamento autônomo da representação"; porém ele "não é o fundamento autônomo de si mesmo, mas Deus é seu fundamento" (GA II 9, p. 249). Ora, o eu é um tal fundamento-não fundamento como "o puro eu prático (*das reine praktische Ich*)" (GA II 9, p. 248). Aqui encontramos uma versão posterior da aceitação e da "transformação" fichteana do primado da razão prática de Kant. O eu puro prático é princípio vivente de representação, mas em sua essência é apenas representante do absoluto, e é tal na forma do saber-*se*, mas mais radicalmente e decididamente do querer-*se como* existência, ou seja, consciência e manifestação do absoluto.

O segundo momento da exposição de Erlangen, a doutrina da forma, desenvolve o resultado desta compreensão da existência e se volta à investigação do que é chamado de "conceito", ou a "objetividade". Esta não se identifica realmente com a pura factualidade empírica – que é apenas um nível da própria objetividade –, mas é *factum fiens*, devir factual, e tem uma estrutura complexa: é "a identidade [...] na não-identidade e a não-identidade na identidade" (GA II 9, p. 258). A objetividade (o conceito) é, e expressa, a aparição *por si mesma*, a qual é identidade na não-identidade e não-identidade na identidade, e que no conjunto das próprias articulações constitui-se *como* uma tal unificação. Ora, as questões com que se inicia a doutrina da forma são: 1. se a forma é; 2. o que ela é. À primeira questão, Fichte responde que a forma – ou seja, o existir – "é apenas em oposição ao ser e em relação a este" (GA II 9, p. 267). A forma, portanto, é relação ao ser *como diferente* dele, e existe nesta diferenciação. Quanto à segunda questão, deve-se responder que, em virtude da relação ao ser que o existir é – e graças ao fato de que esta relação institui ao mesmo tempo uma distinção *real* –, o próprio existir recebe uma determinação, Fichte diz: "*ein quale*" (GA II 9, p. 268). A forma é este "*Quale*"; é a determinação qualitativa do existir enquanto relação ao ser. A *Doutrina da ciência 1805* afirma que a forma é a "reconstrução" – poderia-se dizer: o moldar determinado deste ou daquele modo – de uma "pré-construção" originária (*paradeigma*) que representa a estrutura interna, prático-teórica, da relação absoluta. Para isto se apresentam quatro elementos: o absoluto (ou o ser), o existir (ou o conceito), a pré-construção, a reconstrução, aos quais deve ser adicionado ainda um quinto fator: a sua relação "vivente e ativa". Obtemos novamente uma quintuplicidade, em virtude da qual se abre um acesso à estrutura essencial dinâmica do nosso saber. Não existe a (nossa) consciência *se* a existência – a "luz" como relação absoluta – não é, ou melhor, se nada *se* manifesta. Temos, em vez disso, consciência apenas se o ser se manifesta diferenciando, ou melhor, existe, e isto não no sentido de que o saber seja algo que se agregue a este existir, mas no sentido de que o saber é o existir, a relação ao ser, no seu centro genético. Aqui emerge uma primeira oposição: ser/existência. De outro lado, e ao mesmo tempo: não existe consciência *se* no existir, ou seja, na manifestação, não se instituem diferença e relação — no *ato concreto*, naquilo que Fichte chama de *Bilden* (formar, figurar) — entre ideia e imagem, entre aquilo que se manifesta e o fato de configurá-lo. Aqui está a segunda oposição: pré-construção/reconstrução. As duas oposições, em sua unidade vivente, dão a estrutura dinâmica e processual, determinada e aberta, da consciência. A Doutrina da Ciência reencontra assim, a partir de um nível diverso — aquele da existência do absoluto na sua determinação qualitativa —, o seu problema: explicar o saber ou a consciência. Como também Schelling (e Jacobi), Fichte quer uma filosofia que seja compreensão de vida, ou melhor, compreensão da presença em nós do princípio originário vivente. O caminho fichteano a esta compreensão não é, porém, o de uma imersão imediata, não ciente na vida, nem o de um pensamento que crê substituir a própria vida. A Doutrina da Ciência parte da consciência de que a única e indivisa vida está *em nós* sob a *forma* do eu. Esta realiza aquela que se pode chamar de a autossubtração ideal, ou seja, *inteligível*, do (nosso) pensar frente à vida. Esta autossubtração inteligível não é de forma alguma uma interrupção arbitrária da reflexão nem um aprofundamento passivo no abismo do indizível. Nenhum *sacrificium intellectus*! Trata-se porém de uma autossubtração consciente do saber por parte do próprio saber, de um reconhecimento, ciente de si (*selbstbesinnend*), da própria essência somente *relacional*. O saber – e seu centro genético: a egoidade, o eu penso, a apercepção – não é como tal o originário. É graças a este reconhecimento que se torna possível afirmar de forma positiva e concreta a irredutibilidade e a originariedade da vida vivente, ou daquilo que a Doutrina da Ciência chama de o absoluto, e que esta distingue, com inflexível firmeza, de sua manifestação absoluta. Fichte nega, em outros termos, a possibilidade de uma visão estática, que arrancaria a alma de sua dimensão reflexiva para transferi-la, sem explicar o "como", à unidade vivente do real. Ou melhor: Fichte nega que se possa chegar a esta *ekstasis* – como revelar-se do *outro* – sem que tenha havido uma *kenosis,* vale dizer, sem uma autoaniquilação *meditante* – autocrítica – do pensamento.

Um momento especulativamente bem profundo da *Doutrina da ciência 1805* é o tema do nada (*Nichts*; μή ov, não *oúk ov*). A doutrina da forma mostra que o saber em si mesmo é unidade vivente de razão (ou intuição absoluta) e intelecto. A intuição absoluta não é um contemplar simplesmente teórico, mas é um *projetar-se* efetivo da luz, ou seja, da relação absoluta. Como tal, é "atividade prática". De sua parte, a forma do intelecto é a autocompreensão da intuição absoluta. Ora – explica Fichte –, a atividade prática, enquanto intuição e intelecto, é formalmente um compreender-se, e materialmente é compreender-se como "nada" (*cf.* GA II 9, p. 280). Isto pode ser formulado de outra maneira: o compreender vivente no seu pôr-se – ou em seu compreender-se – se compreende como "nada-de-ser", ou seja, como *apenas* forma, como o *não* em relação ao ser. Observemos, porém: o nada não é "niilisticamente" insinuado no ato de existir enquanto tal, mas acompanha de maneira concomitante o autocompreender-se da luz (*cf.* GA II 9, p. 282-285). Neste autocompreender-se, o compreender determina as qualidades (os *Qualia*) que constituem o fenômeno, e ao mesmo tempo deixa neles "os rastros de seu nada" – vale dizer: os institui (= os distingue e os identifica) como *não--absolutos*. A *Doutrina da ciência 1805* remodela por isso o significado de um conceito fundamental de Jena, ou seja, o "pôr" (*Setzen*). O "pôr" é sim uma autoposição, ou seja, uma autoapreensão e um projetar, mas é distinto por seu nada, que deve ser compreendido não como puro nada, mas como nada--de-ser, como *nada-de-absoluto*. Portanto, é a mesma consciência do originário – a autocompreensão da luz – que é distinta pelo nada, o qual se apresenta como contraponto inelimihável da plenitude. O nada não é aquilo que aparece com a "queda", da qual fala Schelling em *Filosofia e religião*, mas é inseparável do nosso viver-compreender a verdade, é – usando uma metáfora – a sombra que acompanha a agilidade do pensamento em seu autocompreender-se. Este reconhecimento do próprio nada-de-ser não conduz realmente a um enfraquecimento da razão, mas sim a um reforçamento. A consciência autocrítica do próprio ser *apenas* forma, ou seja, nada-de-absoluto, de fato restitui a forma a si mesma. Não que o nada penetre na autoposição da razão, mas este (como consciência do nada) é o resultado de uma perfeita clarividência da razão em relação a si mesma.

Um tema que vimos se apresentar muitas vezes até agora, por exemplo na relação, direta e indireta, com Jacobi e Schelling, é aquele da "vida". No *Rapporto sul concetto dela Dottrina della Scienza e sulle sorti che essa ha avuto finora* [*Relatório sobre o conceito da Doutrina da Ciência e sobre os avanços que ela teve até agora*] (1806-1807), encontramos a lapidar afirmação de que a Doutrina da Ciência, enquanto compenetração crítico-reflexiva do "real" (*Reales*), é "a única *doutrina da vida* possível" (GA II 10, p. 31). A *Exposição de 1807*, apresentada em Königsberg, de 5 de janeiro a 20 de março, oferece uma eloquente documentação desta abordagem. A Doutrina da Ciência é aqui compreendida como "*arte do ver*" (*cf.* GA II 10, p. 113; 25). O termo "ver" assume um papel central, que se conservará no futuro; ocupa uma posição análoga àquela que tinham, nas exposições anteriores, termos como egoidade, intuição intelectual, saber absoluto, manifestação absoluta, existência. A Doutrina da Ciência deve ensinar a ver, ou a "fazer surgir o saber", "aquele verdadeiro e certo" (GA II 10, p. 111; 24) – e Fichte, para assinalar agora e sempre a proveniência do seu próprio filosofar, adiciona aqui "Kant". Ora, como se realiza esta arte? Eis uma formulação sintética:

> *Aqui [na Doutrina da Ciência] X. [= o ver] é compenetrado e tornado visível, e por isso deve ser subtraído, como mero fenômeno, do A. puro [= absoluto, vida absoluta].* (GA II 10, p. 25; 112)

A arte do ver se realiza, portanto, como uma prática reflexiva que conduz o ver, ou melhor, o saber e a consciência, a se compreender por aquilo que é – puro fenômeno (*Erscheinung*) e nada-de-absoluto –; assim, para se chegar a uma afirmação da vida é necessário distinguir (subtrair) este ver da própria vida. Aprender a ver significa definitivamente aprender a reconhecer a vida reconhecendo-*se* como apenas ver da vida – aquele ver que por sua vez é princípio teórico e prático, é ver e tornar visível. A vida (A), portanto, é princípio do ver, e o ver é a única aparição (*Erscheinung*) da vida, mesmo que entre a vida e o ver haja uma diferença insuperável. Por sua vez, o ver tem uma estrutura complexa. Fichte distingue a capacidade de ver (B) e o ver enquanto realização da capacidade (C), e ressalta que o ver tem, por sua vez, uma estrutura reflexiva (D). No fazer-se visível do ver, que tem uma escansão dupla – é ver (C) e ver-se (D), ou seja, "primeiro esquema" e "segundo esquema" –, residem "todas as leis da consciência", cuja justificação reflexiva a filosofia deve, como sabemos, fornecer. Todas estas figuras conceituais terão um desenvolvimento decisivo na Doutrina da Ciência de Berlim, o que nos leva a observar que a *Exposição de 1807* tem uma posição de passagem entre as chamadas fase mediana e fase tardia do pensamento de

Fichte. Recapitulando, podemos concluir: a realidade absoluta deve ser posta na vida, e o saber está em sua raiz, como ver puro, "esquematizar" (GA II 10, p. 136; 63), ou seja, desenvolver esquemas prático-teóricos de compreensão/expressão da vida – e isto na consciência da diferença entre o próprio saber e a vida. Com uma clara referência polêmica a Jacobi e à sua acusação de niilismo contra a Doutrina da Ciência, a *Exposição de 1807* declara:

> *Apenas através do temido niilismo [que significa: mediante o reconhecimento da natureza apenas esquemática do saber] é que passa o caminho que leva à realidade.* (GA II 10, p. 137; 64)

A tarefa da Doutrina da Ciência, como compreensão do esquematismo – ou seja, como "esquematizar o esquematismo em sua unidade absoluta" (GA II 10, p. 137; 65) – é definitivamente a de "chegar ao mundo verdadeiro além do mundo dos esquemas" (GA II 10, p. 139; 68). Não o nada, como nadificação, mas a vida é "o que interessa em última análise" na Doutrina da Ciência.

Um tema fundamental na *Exposição de 1807* é aquele, tratado na décima nona aula, de um "impulso" do uno absoluto – ou da vida originária, que a *Exposição* designa também como "Deus": "aquilo que é e que pode ser a partir de si, com base em [*aus*] si, por si" (GA II 10, p. 166; 114) –, o de "se expor, fora de si mesmo, como ele é nele mesmo; por assim dizer, repetir-se fora da unidade de seu ser" (GA II 10, p. 166; 115). Com esta afirmação – que Fichte define como uma "hipótese" sobre uma "base absoluta", portanto não arbitrária – não acontece um salto na essência do absoluto, que a filosofia de Fichte exclui, mas em vez disso é abordada uma hipótese razoável, ou seja, um princípio de explicação, para colocar em foco a relação do esquema ou ver absoluto com a vida. Bem, Fichte sustenta que na vida absoluta pode ser pensada uma autoafecção originária, um experimentar-se e querer-se, e que esta "autodeterminação" "repete-se", ou expressa-se, como aparecimento da vida (absoluta) na vida (factual), como capacidade (B) de ver (C) e de ver-se (D) na vida e da vida (A). O ver, em sua estrutura complexa, deve para tanto ser considerado como a "realização do impulso", ou como a "*vida* [efetivamente existente] do [próprio] impulso" (*cf.* GA II 10, p. 171; 123-124), e assim também se "[Deus] se revela apenas como o jamais revelável" (GA II 10, p. 171; 124), ou melhor, aparece se subtraindo e aparece como aquilo que se subtrai, o que torna possível a abertura da fenomenalidade e a superação de toda autoconclusão do fenômeno. A *Exposição de 1807* coloca em evidência que o absoluto – e em particular o seu impulso de se manifestar e de se expor – é, no eu da consciência, o princípio da vida, mesmo que essa presença do absoluto não possa impedir que o próprio absoluto esteja presente no eu como aquilo que se subtrai, como o diferente. Por sua vez, e consequentemente, o eu da consciência é constituído pelo afeto de ter relação (*Gemeinschaft*) com Deus e de permanecer nele, ou melhor, é constituído pelo "amor a Deus" (*Liebe zu Gott*; GA II 10, p. 177; 133), aquele amor que "é o princípio qualitativo de seu agir, e sua alma". Percebe-se a "semelhança familiar" destes pensamentos com aqueles da *Introdução à vida feliz* (1806), em particular com a doutrina do amor desenvolvida na décima aula, de forma que a doutrina do impulso em Deus da *Exposição de 1807* e aquela do amor de Deus na *Iniciação* podem ser lidas e compreendidas de forma entrelaçada. A doutrina da vida conduz a uma praxeologia: o autocumprimento (práxis) do eu é a realização concreta do afeto fundador que o constitui, realização que se estende segundo os cinco modos de ser ou graus da consciência (já vistos): sensibilidade, legalidade, moralidade, religião, ciência (filosófica). A passagem de um modo para outro não acontece de maneira mecânica, mas mediante uma autodeterminação da liberdade. Cada grau representa, em relação ao precedente, uma intensificação do afeto da vida e seu vir a ser produz consequentemente um enriquecimento de toda a realidade do aparecer intersubjetivo e subjetivo.

6. A *Erscheinung*, os seus esquemas

Como citei na biografia, Fichte, convocado como docente na Universidade de Berlim recém-instituída, cumpre sua função por meio de uma complexa proposta formativa e científica, da qual é possível reconstruir uma conexão interna. Encontramos aulas de Introdução à Doutrina da Ciência, aulas de Doutrina da Ciência, e aulas sobre as chamadas disciplinas particulares (na verdade, apenas a doutrina do direito e a da moral, ambas expostas no primeiro semestre de 1812). Por sua vez, as aulas introdutórias compreendiam, para Fichte, a introdução à filosofia transcendental (temos sete tratados deste tipo, um a cada semestre, com exceção do primeiro semestre de 1813), mas Fichte pensava que a Doutrina da Ciência devia ser precedida também por uma descrição do saber a partir da questão factual-fenomenológica e de uma delimitação do saber filosófico em relação à lógica formal e ao saber empírico: temos, portanto, aulas sobre "fatos da consciência" (segundo semestre de 1810-1811, primeiro semestre de 1811, segundo semestre de 1811-1812, segundo semestre de 1812-1813) e aulas de "lógica transcendental" (primeiro semestre de 1812 e segundo semestre de 1812-1813). No campo da Introdução à Filosofia, também há as aulas sobre o homem de cultura, que Fichte ministra em 1811.

O centro das aulas científicas de Berlim é constituído pela Doutrina da Ciência, que coloca em discussão o saber a partir do ponto de unidade da "manifestação do absoluto", segundo níveis de compreensão cada vez mais profundos. Fichte deu uma exposição de Doutrina da Ciência a cada ano (1810, 1811, 1812, 1813, 1814: as duas últimas ficaram incompletas, a primeira por causa da guerra da Prússia contra a França e a segunda por causa da morte do filósofo). Nessas aulas – segundo uma abordagem já antecipada na *Exposição de 1807*, que confirma aqui seu caráter de passagem – encontramos aquela que, segundo a linguagem da *Segunda exposição* de 1804, poderia se chamar a "teoria da manifestação" (*Erscheinung*) ou a "fenomenologia" da Doutrina da Ciência, não a "teoria da verdade", que é pressuposta. Nesta fase tardia, Fichte retoma e desenvolve de uma forma nova, à luz das conquistas da chamada fase mediana de sua filosofia, aspectos e problemas dos ciclos de Jena da Doutrina da Ciência: ele reelabora e aprofunda a relação e a diferença entre o absoluto e o eu compreendido como seu esquema ou imagem – como ressalta também nos *Diários*. De forma bem concisa: a busca parte da manifestação do absoluto, que é determinada como "o ser de Deus fora de seu ser" e compreendida como saber, ou ver, de onde é enucleado o caráter esquemático, imaginal, configurativo. Ao mesmo tempo, a manifestação tem uma constituição reflexiva: é o aparecimento do absoluto que *aparece a si mesmo* e, como tal, é radicalmente a "faculdade" de fazer aparecer e tornar visível a vida originária. Esta "faculdade" da manifestação deve ser compreendida como "reflexibilidade". A reflexibilidade não é logo identificada com a reflexão, ou seja, com a ação de refletir sobre representações, mas designa a disposição originária à reflexão que devemos pôr no fundo e no fundamento da vida consciente. É a partir desta reflexibilidade, e como realização desta, que temos o vir a ser de um eu reflexivo (o eu da consciência) enquanto esquema da vida divina: a reflexibilidade é, portanto, o elo que liga o eu e o absoluto. A reflexibilidade é, por sua vez, reflexiva — nível da reflexibilidade da reflexibilidade — e a autorreflexão da reflexibilidade conduz à reflexão transcendental, distinta da reflexão factual. O desenvolvimento sistemático da reflexão se completa com a ilustração do ponto de vista da "pura moralidade" (ou ainda da "moralidade religiosa") como saber-se e querer-se do esquema enquanto esquema divino. Vejamos agora alguns momentos deste núcleo teórico da filosofia fichteana tardia.

O homem não se encontra por natureza no plano da filosofia. Ele deve se elevar ao plano filosófico — ou ao ponto de vista da "absoluta reflexibilidade". O mestre pode (e deve) apenas guiar o discípulo a este acesso livre de modo vivente, reencontrando criativamente a cada vez, *de novo,* sob os olhos do próprio discípulo, aquilo que ele já apreendeu. Por parte do discípulo, são condições essenciais para a conquista da formação: a "livre reflexibilidade" e o fato de que ele *trabalhe individualmente e pense livremente* segundo a instrução do mestre, para que, nesta nova vida criativa, apreenda a evidência de uma posição ou de uma conexão essenciais.

A preocupação central de Fichte ainda é a de esclarecer adequadamente o *conceito* da Doutrina da Ciência, como testemunho da permanência de um motivo condutor dentro das múltiplas variações.

Enquanto as ciências investigam o fundamento de fenômenos, a Doutrina da Ciência investiga o saber em si mesmo. Por exemplo, a física explica o repouso e a queda dos corpos por meio da Lei da Gravidade; a filosofia sustenta, porém, que nesta explicação – em si mesma exata – foi deixado passar um "termo médio" fundamental:

> O repouso ou a queda dos corpos não acontecem em mim, eu não os conheço imediatamente, mas apenas através de uma imagem, uma representação. O filósofo não questiona por isto como nasce a queda do corpo, mas como nasce a consciência, a representação de um corpo que cai. (*Introdução à Doutrina da Ciência*, segundo semestre de 1810-1811 – GA IV 4, p. 24-25)

O ponto de vista da Doutrina da Ciência não é nada além daquele do relacionamento entre a representação e a coisa – relacionamento que é próprio dos saberes particulares. Para uma filosofia que se mantenha *neste* nível, nascem a *vexata quaestio* da coisa em si e as tentativas (falácias) de se resolvê-la de forma realista ou idealista – tema já evocado anteriormente. O ponto de vista filosófico, em vez disso, é aquele da "reflexão" radical – ou melhor, da autorreflexão da "reflexibilidade" – em vista da explicação da *possibilidade* da representação ou da consciência. O fenômeno cujo fundamento a filosofia busca é o saber em si mesmo, fazendo abstração a partir de cada objeto possível. Assim, a filosofia é teoria do saber como totalidade de princípios, *Theorie des Wissens, als eines*

Wiβthums ("teoria do saber como de uma totalidade do saber"), como Fichte se expressa, ou: a Doutrina da Ciência. A partir daqui, podemos ver a diferença entre a lógica e a filosofia, bem como a diferença entre a exposição dos fatos da consciência e a Doutrina da Ciência. Compreendida como arte de usar com exatidão e regra o próprio intelecto, a lógica formal é produtivamente utilizada pelo filósofo. Todavia, a lógica não pode ser compreendida como filosofia; esta é apenas "uma abstração levada muito adiante" (GA IV 4, p. 27). A lógica formal é analítica das (só das) formas de pensamento. A tarefa da filosofia, entretanto, é genérica, não (só) analítica, é investigar a gênese dos conceitos, ou melhor, *a gênese do conceber*. A filosofia, portanto, se coloca no ponto de vista da "reflexibilidade" reflexa, e o pensamento que esta pratica é analítico-sintético. Além disso, a exposição fenomenológica – no sentido porém de uma fenomenologia *descritiva* – dos fatos da consciência parte da observação, e desta se eleva à lei dos próprios fatos até a lei suprema do saber. A Doutrina da Ciência parte, por sua vez, de uma proposição fundamental: "o saber é manifestação do ser, o manifestar a si mesmo" – ou de um conceito anterior do saber – e se propõe a tarefa de justificá-lo geneticamente. A Doutrina da Ciência percorre, portanto, um movimento contrário em relação àquele praticado na descrição fenomenológica dos fatos da consciência; esta última – como citei – tem apenas um caráter propedêutico à dedução, ou seja, à justificação genética de natureza especificamente filosófica. Poderia arriscar-se dizer que aquela praticada pela Doutrina da Ciência é uma fenomenologia *genética*, enquanto nos *fatos da consciência* temos uma fenomenologia descritiva.

O saber, do qual a Doutrina da Ciência é compreensão genética, é designado por Fichte também como *imagem* (*Bild*). Leiamos:

> *O saber é imagem, posição de um ser. O pensamento é um figurar* (Bilden *[formar]*), *que põe absolutamente uma imagem de si mesmo.* (Lógica transcendental 1812 – GA II 14; p. 206; 104)

Ou: "O saber é, de cima abaixo, imagem, e na verdade [é] imagem do uno, do absoluto. [Ele] é absolutamente uma imagem" (*Doutrina da ciência 1813* – GA IV 6, p. 376). Poderia expressar-se em geral a coisa assim: o saber – ou seja, nossa experiência global do ente, *a vida real na totalidade dos conteúdos dados à experiência humana* – é, ao mesmo tempo, um figurar (*Bilden*) algo e um configurar a si mesmos (*Sich-bilden*) este figurar algo. Saber é fazer e fazer-se uma imagem – de outro. Bem, a imagem não é apenas cópia (*Abbild*), mas também modelo (*Vorbild*), é imagem antecipante e realizante, e é imagem que está em ato *como* imagem. O saber é "imagem imaginante". Emerge novamente a unidade do fator teórico e do fator prático.

O saber-imagem tem uma estrutura complexa: é imagem-de (momento da referência objetiva), é imagem reflexa (momento da autorreferência), e ocorre segundo uma lei do ser-imagem (momento da unidade de referência e de autorreferência). Dito de outra forma: no saber-imagem podem ser distintos o esquema I, ou seja, o saber como referência (imagem-de); o esquema II, ou seja, o saber como autorreferência (imagem da imagem); e o esquema III, ou seja, o saber como imagem da imagem que *se conhece* como imagem. Também a Doutrina da Ciência é, a seu modo específico, imagem. Todavia, enquanto o saber factual é "imagem de uma coisa que é, e é assim, porque é assim" (*Doutrina da ciência 1812* – GA II 13, p. 45), a Doutrina da Ciência, *ou seja, a filosofia*, é "imagem da lei" em virtude da qual aquele saber factual vem a ser. O saber transcendental é a compreensão do saber factual em seu "como", não em seu "quê". Por exemplo, em uma certa representação, como representação disto ou daquilo, estão em ação leis que regulam os atos configurativos mediante os quais a representação se produz. Ora, a consciência cotidiana certamente tem este complexo de leis e atuações em si mesma, mas é consciente unicamente no ato de sua representação do representado, não destas leis, que se mantêm para ela no estado de premissas não conhecidas. A Doutrina da Ciência deve enuclear estes membros mantidos ocultos, diferenciar aquilo que na consciência cotidiana existe como um fuso múltiplo. Dada a representação, o fato da consciência, a Doutrina da Ciência a faz surgir com base em suas leis. É, por isso, a compreensão da gênese *a priori* dos elementos constituintes da representação.

Na essência da imagem (= do saber como imagem) é dada tanto uma oposição quanto uma relação ao ser. A imagem não é o ser; é o não-ser, no sentido de que *não* é o mesmo que o que ela representa. E por outro lado o ser é não-imagem, no sentido de que o ser não se resolve no ser-imagem: ao ser, compete ser *em si mesmo* e se mostrar por si mesmo, não por outro, em uma sua imagem ou representante. Ao mesmo tempo não pode ser negada à imagem uma inseparável relação ao ser. Mesmo que não haja o ser, a imagem existe, todavia, *como* imagem de algo imaginado, se não, seria imagem de nada, ou seja, não seria imagem. Sem o ser, sem o imaginado, a imagem não seria *ente* no "aqui", mas sem a imagem o ser não seria existente *no aqui e agora*. Este copertencimento do ser e da imagem, porém – e isto é um ponto decisivo da teoria transcendental –, não exclui que, ao ser, pertença ser "a partir de si, em si, por si", e assim o ser não coincide *com*, e não se resolve *em* seu ser como imagem. A instituição da consciência da diferença entre ser e imagem se realiza na "reflexão". A reflexão, que é a realização da reflexibilidade, ou seja, do "esquematismo", separa imagem e ser: põe um como *não* outro. Ela apreende por meio do distinguir, e mediante o ato de comparar o distinto. Se quiser, por exemplo, apreender o ser como ser, pode descrevê-lo apenas como o *não* sendo a imagem. Se quiser apreender a imagem como imagem, deve compreendê-la apenas como o *não* sendo o imaginado, o ser. A imagem é o ser *apenas* no "enquanto" (*als*) de seu aparecer. Por outro lado, o diferir e o opor por parte da reflexão são sempre uma correlação: um termo de fato é determinado *mediante* (*durch*) o outro *como* seu oposto. A atuação do esquematismo, ou seja, a reflexão, é um agir que ao mesmo tempo é distinção e unificação de ser e imagem.

Um motivo-base da Doutrina da Ciência – nos diversos ciclos sucessivos a 1800 e em particular nas aulas tardias berlinenses – é que o saber é imagem e *apenas* imagem do absoluto. Já esclareci que a Doutrina da Ciência, se fala do absoluto, fala dele mediatamente, através de uma dialética especialíssima, ou seja, uma compreensão do saber que regride à origem, e assim o absoluto deve ser pensado como a origem e o limite do próprio saber. Considero agora algumas formulações da *Doutrina da ciência 1811* sobre isto – mas estas formulações se apresentam, não muito diversas, também nos outros tratados da Doutrina da Ciência destes anos. A primeira: o saber "se declara [para a reflexão filosófica] imagem de Deus; *imediatamente mediante o seu ser*" (GA II 12, p. 158; 110). A segunda:

> O saber é essencialmente, de cima a baixo, fenômeno [Erscheinung, aparição], imagem, esquema: o ser não se apresenta neste [resolvendo-se], mas está puramente em Deus. (GA II 12, p. 157; 109)

A terceira: "O saber é *fenômeno* [aparição] *de Deus*, como este último é absolutamente em si mesmo" (*Ibidem*). Em primeiro lugar: é tese de Fichte a de que aquele ser que constitui o fundo originário que o saber leva à imagem não pode ser um "conceito morto", uma objetividade coisal, mas deve ser aquilo que "é em si mesmo pura vida", sem divisão e modificação, e é *tal* não porque é privado de determinações, mas porque é o *originário* na forma da completa "autossubsistência" (*Selbstständigkeit*). Em segundo lugar: no aparecer (= fenômeno), o originário não se torna, por sua vez, aparecer exaurindo-se nele, mas se mantém em si mesmo, em sua diferença insuperável. Se no manifestar-se o ser se resolvesse sem resíduos em manifestação, existiria *apenas* manifestação; mas esta, desvinculada daquilo que manifesta, seria manifestação de nada, ou *não* seria aparição. Uma redução do ser à aparição implica anulação da aparição *como tal*. Aqui se apresenta a versão da "diferença ontológica" própria de uma filosofia transcendental: o saber – se é – e algo apenas "em um *sentido relativo*", e o único modo de expressar esta essência relativa do saber sem contradizer o princípio do ser é o de asserir: o saber é apenas *como* aparição, imagem, esquema do ser. Em terceiro lugar: o saber é imagem *do ser*; mesmo se o ser se mantém em sua diferença e não se reduz a seu aparecer, o "conteúdo" do saber é o ser. Certamente a "forma" do ser se mantém absolutamente separada da forma do saber; porém o ser aparece, se exterioriza sem sair de si, e *este* fato é o saber, o qual tem por conteúdo o ser se diferenciando totalmente de forma, ou essência: o saber *não* é o ser por essência, não é o absoluto, é apenas o ser *como* (*als*) aparição, o ser-imagem.

A imagem é o ser *fora* do ser. O ser não é um "objeto", mas — como eu já disse — deve ser pensado como o "absolutamente a partir de si, em si, por si (*von sich, in sich, durch sich*)": uma designação, através de preposições reflexivas, que quer expressar a "autossubsistência" (*Selbständigkeit*) do ser. Ora, o ser que se impõe ao pensamento exclui absolutamente que possa existir algo "fora" do próprio ser: "Apenas um é, e fora deste um não é absolutamente nada" (*Doutrina da ciência 1812* — GA II 13, p. 61). Esta afirmação levanta porém a questão: "Nada fora do ser. Como é possível, então, um mundo?" (GA II 13, p. 53). Fichte exclui que a resposta a esta pergunta possa ser aquela que concede ao ser factual — ou ao que, para a Doutrina da Ciência, é apenas *Erscheinung* — "o ser segundo a forma", ou seja, a própria essência do ser enquanto tal. Este caminho — que Fichte afirma constatar em Spinoza e em Schelling — segue, em sua visão, uma substancialização da esfera do aparecer, troca o aparecer pelo ser e vice-versa, e definitivamente perde ambos. O segundo caminho, aquele fichteano (transcendental, já percorrido por Kant), rejeita atribuir ao ser factual "o ser no mundo em que este é enunciado do absoluto", e o substitui por uma uma outra *forma de ser*. O conceito de imagem consente, portanto, em que Fichte controle a tensão entre o princípio da unicidade do ser (nada fora do ser) e a necessidade de se levar em conta a multiplicidade da experiência. A ideia de fundo pode ser formulada assim: o ser é único, mas não unívoco.

É único, porque não existe "outro" fora dele que o limite; não é unívoco, porque pode ser predicado segundo duas formas de si: o seu ser "absolutamente a partir de si, em si, por si" e a sua imagem. Todavia a imagem não é o ser, é (apenas) a sua aparição. O ser *da imagem* se resolve completamente no ser-relação ao ser, e assim "fora" do ser é apenas a aparição do ser, precisamente: "fora" do ser é o ser *como aparição*, "fora" do ser é a sua imagem. Certamente, na imagem o ser não se manifesta segundo sua própria forma: o ser — já vimos — não põe fora de si a sua essência, mas se mantém em si mesmo. Todavia, o ser aparece no fenômeno, e como fenômeno, segundo a forma do próprio fenômeno, ou seja, como capacidade originária (*Vermögen*) de ser aparecer do ser. Bem, o conteúdo de uma tal forma só pode ser o ser (não existindo outro conteúdo substancial que o ser), e assim deve ser dito que, na imagem ou no esquema, "há o conteúdo do ser". O conteúdo, não a forma: *o conteúdo em uma outra forma*. No esquema não há o absoluto *como tal* (crítica do "panteísmo"); no esquema há o absoluto apenas *enquanto* se manifesta nele; no esquema há, ou melhor, o esquema é (apenas) aparição do absoluto.

A aparição tem uma estrutura autorreflexiva, e esta não é sem *aparecer* a si (*Sicherscheinen*): "a aparição aparece a si *como* aparente a si" *(Doutrina da ciência 1812* — GA II 13, p. 75). Quando dizemos que o aparecer é, dizemos que ele aparece a si, que o saber é (existe) em seu ver-se *como* saber, que este é *como* aparente a si mesmo. É a própria e idêntica imagem (esquema I) que aparece a si, e neste si (*sich*) residem inseparavelmente ambas as imagens, ou seja, a imagem e a imagem da imagem (esquema I e esquema II). A própria transparência da imagem, ou que a imagem seja imagem-de (referência, esquema I), seria impossível se ela ao mesmo tempo não se evidenciasse como a autotransparência da própria imagem (autorreferência, esquema II). Apenas neste aparecer a si da imagem, no ser a si mesma presente, a imagem é (= se sabe como) aquilo que é, ou seja, *apenas* imagem (do absoluto). A intuição da unidade entre referência e autorreferência, o apreender-se da imagem *como* (*als*) o aparecer a si da imagem (relação de uma relação, esquema III), cumpre o saber transcendental.

À essência da aparição pertence a liberdade compreendida como "pura e simples faculdade" de formar e de formar-se, chamada por Fichte também de "faculdade da reflexão" (*Besinnungsvermögen*), a liberdade como "princípio ontológico". O ser não se faz imediatamente aparente, mas apenas mediatamente, ou aparece "em e mediante a liberdade da aparição" (*Doutrina da ciência 1812* – GA II 13, p. 96). A sua aparição efetiva é um produto da aparição mediante aquela liberdade que reside nela em vista da própria aparição. Certamente, a liberdade não está sozinha na constituição da aparição, mas está absolutamente sob uma lei, que Fichte chama de a lei do "*que coisa*". Este é o ser ideal, o absolutamente invisível, o que é não-aparecer, mas oculto em si mesmo. É o "espiritual", não por isto um "objeto morto", mas a fonte excedente de todo aparecer, a abertura incondicionada de toda condicionalidade. Esta lei se apresenta à reflexibilidade como um "deve incondicionado", ou seja, como um imperativo categórico de cobertura prático-teórica. A reflexibilidade *deve* (*soll*) ver-*se* como aquele esquema da vida divina que ela originariamente é. Todavia, a lei sozinha não pode levar a si mesma à efetuação: esta última depende da liberdade. A liberdade não é, então, fundamento do *que coisa*, do ser ideal e espiritual, dado que tal fundamento é a lei. Ela é, porém, fundamento do *quê*, do efetuar-se do ideal; é princípio do fato, e este fato, em sua concretude-concreta, é indedutível da lei. A liberdade é criação de formas sempre diversas de expressão do conteúdo substancial. "Todo o real é *aparição*" (*Doutrina da ciência 1812* – GA II 13, p. 97), imagem, esquema. Como fundamento disto está o ideal, aquilo que é não-aparecer, mas que *deve* aparecer, aparecendo, enquanto diferença intranscendível do próprio aparecer, como ulterioridade inexaurível. Mediante o fato da liberdade que corresponde *como* liberdade a um deve incondicionado, o ideal agora pode se tornar visível sem perder a diferença, sem exaurir a própria excedência, mas a manifestando. Neste sentido, deve-se dizer que o real, em seu efetivo se apresentar, é produto da liberdade em relação com uma lei. A liberdade faz parte da essência da aparição, é princípio prático-teórico constituinte do mundo factual, em relação com uma lei incondicionada (por seu turno, prática-teórica), a qual, por sua vez, determina a aparição apenas na ocorrência da própria liberdade. A Doutrina da Ciência, também nas tardias aulas de Berlim, mantém-se, sempre, a filosofia da liberdade.[15]

---

15 No último ano de sua vida, Fichte colocou no papel progressivamente um intenso trabalho de reelaboração pessoal dos próprios pensamentos fundamentais. O resultado deste empenho, como eu já citei, é um *Diário* [*Diarium*], que Fichte mantém até poucos dias antes de sua morte. O primeiro *Diário* tem reflexões escritas entre 26 de março e 14 de agosto de 1813. O segundo é composto de anotações entre 18 de agosto e 16 de setembro do mesmo ano. O terceiro *Diário* – chamado *Neues Diarium* – é constituído por elaborações formuladas entre 25 de outubro de 1813 e 16 de janeiro de 1814. Os *Diários* representam a transcrição progressiva de um acerto de contas de Fichte consigo mesmo, uma lúcida e às vezes cruel autoanálise teórica, uma radical verificação das próprias posições fundamentais, e definitivamente: um *re-tractatio*. No *Neues Diarium* encontramos em particular um repensamento da essência do eu à luz dos desenvolvimentos teóricos elaborados naqueles anos, em particular da compreensão do saber como aparição do absoluto que aparece a si mesma. Bem significativo é, por exemplo, o aprofundamento da noção de apercepção transcendental. Kant é o autor mais frequentemente mencionado no *Neues Diarium*. Ali se tem a impressão de que Fichte sente a exigência de novamente ponderar-se por meio de um conceito – aquele da apercepção – que tem uma função fundamental na filosofia transcendental. A sua atenção se concentra na questão de "construir" a apercepção, ou seja, evidenciar sua gênese a partir da manifestação/fenômeno da vida absoluta: "Este inteligir (*intelligi[e]ren*) da vida imediata é o ponto supremo, talvez até agora jamais expresso, a verdadeira raiz última da *apercepção*" (GA II 17, p. 10). O levar-se da vida a uma imagem de si mesma – ato que é ao mesmo tempo um ver-se, mas também um fixar-se da vida imediata – é o lugar genético da apercepção. Esta última deve ser compreendida como um *ad-perceber-se*, como um ato transcendental em que a vida absoluta se repercute em si mesma no eu, porém sem se exaurir nesta autoafirmação. A apercepção é considerada como uma reapreensão imanente do ver sobre si mesmo, portanto de um ver-se, um repercutir--se e autoperceber-se do ver. Nela reside "o ponto de unidade das formas fundamentais do saber", de cuja coisa Kant tinha sim

7. Direito, política, ética

Muitas vezes já vimos que, segundo a visão de Fichte, e também sua proposta concreta de ensino, a Doutrina da Ciência compreendia não apenas o tratado da teoria da verdade e de sua manifestação, para retomar os termos da *Segunda exposição* de 1804, mas também o desenvolvimento das disciplinas particulares, o qual devia acontecer — como Fichte se expressa — "segundo os princípios da Doutrina

---

tido a premonição, mas sem poder demonstrar. A apercepção é a unidade da unidade e da multiplicidade: no ver-se do ver, no repercutir-se imanente do pensar em si mesmo, são *aprioristicamente unidos* pensamento e intuição, ou a unidade e o múltiplice da representação. É assim que se realiza aquela que Kant chamava de "a unidade sintética da apercepção". A apercepção é *unidade da unidade e da multiplicidade*. Ponto capital no *Diarium* é que o fator prático constitui *originariamente* a apercepção pura. Kant não teria *pensado ao mesmo tempo* a originária unidade do momento prático e do momento teórico, não teria apreendido que, no fator teórico, já está agindo o fator prático. Fichte anota este pensamento: "Veio-me à mente uma imagem dupla da vida: uma, que deve existir, posta à liberdade, como seu modelo; uma que existiu, e deixou sua marca, na coisa". A imagem da vida que deve existir é compreendida por Fichte como uma "tarefa à liberdade" (*Aufgabe an die Freiheit*), ou ainda como uma "solicitação à liberdade" (*Aufforderung an die Freiheit*). A repercussão que se apresenta na apercepção é uma tarefa da liberdade; o eu penso em seu próprio aparecer e aparecer-se (= apercepção) é instituído *por* e *em uma* relação *com* o eu devo, e isto se põe como uma solicitação à liberdade. Ora, tal tarefa é uma lei do figurar (*Bilden*) posta à própria liberdade, por isto é de forma última um Deve. No centro da apercepção se apresenta por isto a posição — "de--centrante", mas não "estranhante" — de uma solicitação, de um apelo, que a liberdade não recebe "de fora" (ou seja, de uma não liberdade), mas "de dentro", ou seja, em razão de uma lei de liberdade que se manifesta como solicitação a uma tarefa ontológica-ética. O eu vem a si mesmo apenas no aperceber-se como solicitado a uma tarefa e existe (*ist da*) na solução disto. O eu penso é, portanto, a implicação originária de um tu deves; eu e tu são, por isso, já no início partes integrantes de um único ato.

da Ciência". Fichte muitas vezes formulou, e de forma inequívoca, a própria visão da articulação das disciplinas particulares, ou das "doutrinas da ciência particulares".

Referindo-nos aos cinco "pontos de vista" deduzidos na conclusão da *Segunda exposição* – e esquecendo-nos agora do ponto de vista de recapitulação e *geral* da ciência filosófica, ou seja, da Doutrina da Ciência –, podemos distinguir quatro disciplinas *particulares*, cada uma delas levando em consideração uma das formas originárias através das quais o eu da consciência, o espírito humano, está em relação com o "mundo": doutrina da natureza, do direito, dos costumes, da religião. Na *Ética 1812* o próprio Fichte oferece o seguinte esquema explicativo:

> Na série das ciências particulares, a doutrina dos costumes (Sittenlehre, ética) assume uma classe elevada, reconhece sobre si apenas a doutrina da religião, e tem sob si a doutrina do direito e a da natureza. (GA II 13, p. 310)

Esta esquematização, todavia, não é levada de forma rígida. Em *primeiro* lugar, tal esquema não é o único (como já notei), por meio do qual Fichte, em suas obras ou aulas, expõe a articulação do sistema da Doutrina da Ciência geral e particular: tal esquema tem sobretudo um relevo teórico, ou ajuda a compreender *como* Fichte *pensava* o movimento e a articulação global de sua filosofia. Em *segundo* lugar, fica claro que Fichte manifesta uma atenção para os "objetos" das disciplinas particulares – pensamos em particular no direito e na religião, mas em parte também nos temas da ética – que nasce bem *antes* de sua abordagem à Doutrina da Ciência em 1793-1794 e que influi na inspiração desta. Entre Doutrina da Ciência geral e disciplinas particulares se instaura então uma relação de troca "dialética": as segundas são desenvolvidas "segundo os princípios" da primeira e refletem também sua evolução e seus desenvolvimentos, mas ao mesmo tempo influem em tais desenvolvimentos e fornecem à ciência geral formas conceituais essenciais. Em *terceiro* lugar, é reconhecido que Fichte não desenvolveu a doutrina da *natureza* em uma exposição análoga àquelas que dedicou ao direito e à ética, mas também à religião. Isso, porém, não significa que em suas obras e em seus manuscritos exista um conceito de natureza apenas "negativo" e defectivo – como lhe foi, por exemplo, rechaçado polemicamente por Schelling, que foi quem começou com isto um preconceito por muito tempo difundido e declinado em várias versões –, nem significa que uma teoria fichteana da natureza não seja reconstruível em sua estrutura complexa.[16] Não é possível aqui realizar, nem mesmo em suas características mais gerais, tal reconstrução. Eu me limito a recordar que Fichte contesta aquela que lhe parece uma pretensão injustificada da

---

16 Como fez, por exemplo, Reinhard Lauth em *Fichtes Naturlehre nach den Prinzipien der Wissenschaftslehre* (Hamburgo: Meiner, 1984) – o título retoma significativamente os títulos fichteanos análogos sobre direito e ética – e como a pesquisa atual sobre Fichte vem esclarecendo.

Naturphilosophie de Schelling, a de que se possa construir uma doutrina da natureza com base em uma intuição intelectual do sujeito-objeto *objetivo*, ou uma intuição intelectual do lado objetivo-natural da identidade absoluta. A única intuição intelectual legítima, para a Doutrina da Ciência, é aquela da atividade e autoatividade da inteligência. A doutrina *filosófica* da natureza deve para isto elaborar, à luz da intuição intelectual, ou seja, do ver e do *"ver-se" da razão*, os princípios e conceitos fundamentais da imagem de uma natureza, ou seja, o sistema do "mundo sensível", em relação com o sistema do "mundo inteligível" e como momento essencial na disposição do "saber absoluto". Um exemplo da execução deste programa é oferecido pela segunda parte da *Exposição da Doutrina da Ciência dos anos 1801-1802*. De sua parte, o "puramente empírico" do mundo sensível – compreendido como natureza inorgânica e orgânica fora do homem e no homem –, aquele puramente empírico que se apresenta, entretanto, apenas no meio dinâmico de momentos *a priori*, pode ser apreendido *enquanto tal* apenas através de análise *empírica*. A Doutrina da Ciência afirma, neste sentido, uma autonomia epistemológica da *ciência empírica* da natureza, que não coincide com a ciência filosófica da própria natureza.

Fichte dedicou particular atenção à doutrina do *direito* e – como já citei – esta é objeto de obras e cursos universitários. O conceito do direito enquanto "conceito de uma relação entre seres racionais"

(*Fundamento do direito natural* – GA I 3, p. 360; 49) em que cada um limita a própria liberdade mediante o conceito da *possibilidade* da liberdade do outro "se encontra na essência da razão". Isto exprime um ponto de vista constitutivo-do-mundo, ou representa um *modo de ser*, uma atuação da consciência, que é condição da existência factual do ser racional finito, ou seja, do individuo racional (ou "pessoa")."*As condições da individualidade* se chamam *direitos*" (carta a Reinhold de 29 de agosto de 1795; GA III 2, p. 387). Compreende-se, assim, como Fichte devia considerar a filosofia do direito como a ciência particular que devia deduzir – ou seja, justificar – *a partir dos princípios* da ciência geral uma forma de atuação *específica* do "sistema do espírito humano", ou seja, a relação jurídica entre seres que são, ao mesmo tempo, livres e corpóreos. Todavia, o interesse de Fichte pelo direito precede – como eu já dizia – a construção da Doutrina da Ciência e, com a exaltação da liberdade que o inspira, acompanha sua elaboração e a ela se funde. Não é por acaso que a Doutrina da Ciência foi desejada, logo em seu começo, como o "sistema da liberdade".

Nos escritos ligados à Revolução Francesa – *Reivindicação da liberdade de pensamento dos príncipes da Europa que até agora a oprimiram* e *Contribuições à retificação dos juízos do público sobre a Revolução Francesa* (ambos de 1793) –, Fichte apresenta-se como defensor dos "direitos do homem", um motivo que jamais desaparecerá de seu pensamento. Tais direitos se fundam sobre a "personalidade", que se anuncia por meio da liberdade, a qual é determinada pela lei moral; ou melhor, por aquela "lei do dever" que se expressa na consciência moral. Se a lei moral *prescreve* um dever, o homem tem um direito originário e inalienável às ações que o dever exige. O homem tem, ao mesmo tempo, um direito originário e inalienável a tudo aquilo que a lei moral *não proíbe* e é condição para seguir o dever. Há depois a esfera das ações em que a lei moral *consente*, e às quais temos sim um direito, mas alienável, mesmo se este direito é alienável apenas de maneira voluntária: o homem não pode ser obrigado a ceder ou trocar os próprios direitos alienáveis, que podem ser cedidos apenas porque doados ou contratados. Definitivamente, como personalidade "o homem não pode ser propriedade de ninguém, porque ele é, e deve permanecer, propriedade de si mesmo" (*Reivindicação*, GA I 1, p. 173; 12).

Em *Contribuições* encontramos a elaboração de quatro formas de relação pelas quais o ser-humano é constituído. A primeira relação considera o homem como indivíduo em relação com a própria consciência moral e com Deus. Lei aqui é a lei moral, que é a instância suprema à qual as outras relações são subordinadas. Nesta esfera, nenhum estranho pode ser juiz do homem, e Deus aqui não é uma instância estranha, mas é − podemos dizer − uma presença *in interiore homine*. A segunda relação vê o homem como ser em sociedade com seus semelhantes, segundo relações reguladas pelo "direito natural", que é a mesma lei moral *enquanto* determina a esfera social. Frente ao direito natural, cada um é juiz do outro, mutuamente. A terceira relação considera o homem como ser que existe com outros seres semelhantes a ele segundo relações contratuais, cujo âmbito é aquela esfera social não completamente regulada pelo "direito natural", ou a esfera do "lícito", em que a liberdade de arbítrio pode instituir contratos. A quarta relação considera o homem como "cidadão" naquele contrato específico "de um com todos e de todos com um" que é o Estado, e que visa à proteção mútua de uma esfera específica de direitos. Fichte representa esta relação quádrupla mediante uma imagem de círculos concêntricos: o mais amplo, e que compreende os outros, é o da consciência moral, que abarca o mundo espiritual e sensível *inteiro*; mais estreito é o círculo do direito natural, que tange à lei moral *no* mundo visível; mais estreito ainda é o círculo dos contratos em geral, que por sua vez inclui em si, mais estreito ainda, o círculo dos contratos estatais. Apreende-se que o círculo das associações voluntárias é mais amplo do que aquele da associação estatal no sentido estrito, assim como se apreende que a lei moral constitui a instância que, de forma última, determina a intenção e o agir do homem em todo o mundo espiritual e sensível.

Nestes escritos ético-jurídico-políticos, Fichte faz uma estreita relação entre a moral e o direito (natural e social). Essa abordagem sofre uma certa modificação com o *Fundamento do direito natural segundo os princípios da Doutrina da Ciência*, de 1796-1797. Neste, Fichte não deriva o direito da visão moral do homem, como vimos em *Reivindicação* e em *Contribuições*, mas deduz a "ação originária" que institui a relação jurídica da livre atividade causal na esfera sensível do ser racional finito. A doutrina do direito é elaborada "segundo os princípios [e a partir dos princípios] da Doutrina da Ciência", e enquanto tal é epistemologicamente autônoma da doutrina dos costumes (ética). Todavia, isto não significa que direito e moral sejam totalmente separados. O direito realmente recebe da lei moral, como lei do acordo absoluto com o Si que constitui o fundo de nós mesmos, "uma nova sanção, para a consciência moral" (*Fundamento* − GA I 3, p. 320; 10), e em contrapartida a instituição de relações de direito entre seres livres e corpóreos, ou seja, entre pessoas, oferece a base factual que torna possível a realização efetiva de relações morais.

A dedução, ou seja, a justificação *de jure*, do conceito do direito feita pelo *Fundamento do direito natural* é do tipo praxeológico, ou seja, enucleia os momentos de uma lógica do agir, e percorre os seguintes passos. Evidencia, em primeiro lugar, que o ser racional finito não pode se tornar *consciente de si* sem se atribuir uma livre atividade causal (§ 1), e que esta autoatribuição exige o existir de uma esfera sensível fora daquele em que a atividade causal se exercita (§ 2). Este é o primeiro teorema. Segundo teorema: a autoatribuição de uma livre atividade causal no mundo sensível implica atribuí-la também *aos outros*.

Fichte demonstra que a autoconsciência do ser racional finito não pode vir a ser *como tal* se não em virtude da admissão de outros seres livres e racionais (§ 3). É de fato o apelo ou a exortação a livremente agir, proveniente de um outro ser racional e livre, que é a condição do "encontrar-se a si mesmo" *como autoconsciências livres*. A partir daqui, algumas afirmações centrais: que a individualidade é "um *conceito de relação*" (GA I 3, p. 354; 43), e que o homem "se torna um homem apenas entre os homens" (GA I 3, p. 347; 35). Fichte traça aqui o horizonte de uma intersubjetividade originária que reside como fundamento do eu individual, e portanto também de seu direito. Isto corrige o quadro individualista que parece prevalecer nos escritos sobre a Revolução, e representa – como eu já disse – uma prestação teórica que tem uma relação sistemática que, por sua vez, supera a esfera da doutrina do direito como disciplina particular e é significativa para toda a Doutrina da Ciência. Terceiro teorema: o reconhecimento do outro exige tecer com ele uma relação específica que se chama relação jurídica, e que se expressa no seguinte princípio: devo reconhecer sempre o ser livre fora de mim *como* um ser livre, devo portanto – já encontramos este conceito – limitar a minha liberdade mediante o conceito da possibilidade da liberdade do outro (§ 4 – *cf.* GA I 3, p. 358; 47).

Após esta dedução do conceito do direito, o *Fundamento* prossegue com a dedução de sua "aplicabilidade". Aqui uma função determinante é desenvolvida a partir da noção do "corpo": nenhuma individualidade operante no mundo sensível, nenhuma pessoa, é pensável sem corpo, que é *o âmbito de todas as possíveis ações livres da própria pessoa* (quarto teorema, § 5), mas nenhuma autoatribuição de um corpo é pensável sem compreender este último como situado sob a influência ao menos possível de um outro indivíduo (quinto teorema, § 6). O relacionamento jurídico é precisamente a regulação desta influência de maneira que a ação recíproca entre os indivíduos − entre as "corporeidades individuais" − seja, e se mantenha, aquela de livres autoconsciências. O *Fundamento* então passa à "aplicação sistemática" do conceito do direito (§ 8), ou seja, a deduzir *as formas de relação* necessárias segundo as quais ele se articula. Temos então a dedução do "direito originário" (§ 9-12) − definido como o direito da pessoa "de ser no mundo sensível *apenas causa*" (GA I 3, p. 404; 101) −, do "direito de coação" (§ 13-15), e enfim do "direito estatal", ou do "direito em uma *res-publica* (*gemeines Wesen*)" **(§ 16)**. Por sua vez, o direito estatal, que legitima a função do Estado, é desenvolvido segundo as três determinações fundamentais do "contrato de cidadania" (§ 17) − articulado em contrato de propriedade, de proteção, de união −, da "legislação civil" (§ 18-20), da "constituição" (§ 21). O tratado se conclui com duas elaborações específicas do "direito de família" e do "direito das gentes e direito cosmopolítico". Formulando o ponto de maneira bem inicial, Fichte busca uma concessão do Estado como totalidade orgânica, mas não concebe o Estado como cumprimento da *Stittlichkeit* (eticidade, *ethos*); ele o pensa como aquele *poder* que, regulando os espaços de licitude das ações recíprocas entre as pessoas, põe as condições de fato sobre as quais podem se elevar relações éticas entre as próprias pessoas.

As aulas de Teoria do Direito dadas em Berlim em 1812 se baseiam fundamentalmente no conteúdo de pensamento ilustrado no *Fundamento do direito natural*, mas não podem ser consideradas como um simples comentário deste. Além do abandono da teoria do eforato, que em *Fundamento* era concebido como instituição necessária de garantia dos direitos dos cidadãos em relação aos poderes do Executivo, nestas aulas tardias podemos apreender uma certa modificação da concepção do Estado em relação àquela do *Fundamento* – já preparada nos anos precedentes (pensemos em *Discursos à nação alemã*). "A única coisa, de onde podemos esperar melhorias, sustenta Fichte, é o progresso da cultura (*Bildung*) em intelecto e moralidade" (GA II 13, p. 284). O Estado não deve se limitar a garantir a expressão da livre atividade no mundo sensível, mas deve reforçar a confiança recíproca dos homens, por meio do desenvolvimento do saber e da consciência de sua responsabilidade moral. Daí o estreito relacionamento entre política e educação. Em todo caso, o Estado não se alça como escopo em si mesmo: a dimensão das instituições políticas e do Estado deve ser concebida a serviço da síntese da cultura.

O Estado é funcional à criação de relações entre os seres humanos que incrementem pouco a pouco o conteúdo de valor (estético, social, moral, religioso, científico) presente na vida histórica. A *Doutrina do direito 1812* apresenta uma articulação que consente num acesso fácil à compreensão do direito, segundo alguns até mais direto que no *Fundamento*. É dividida em uma parte geral e introdutória, que se ocupa do conceito do direito e de sua análise, e em duas seções fundamentais: a primeira é dedicada ao contrato de propriedade, a segunda ao contrato social; em seguida, um apêndice sobre direito das gentes. A *Doutrina do direito 1812* parte do "fato"; precisamente — afirma Fichte — esta se apoia sobre o fato de que vários seres livres estão em uma esfera comum, que propaga a atividade de todos" (GA II 13, p. 201). A tarefa da doutrina do direito se resolve, portanto, em compreender e desenvolver, segundo princípios e a partir de princípios, este fato jurídico basilar.

Para Fichte, a *política* está estreitamente conectada ao direito. Em *Ascética como apêndice à moral* (1798), ele explica que, além do tratado científico do próprio objeto, o filósofo deve evidenciar como as exigências da razão devem ser realizadas em uma situação factual específica. Abre-se assim o espaço de uma "ciência mediadora" entre a pura ciência e a pura experiência, que deve diminuir a distância entre a teoria e a práxis, o tanto quanto possível, no plano científico. Tanto a ciência pura quanto a ciência mediadora têm o escopo de cultivar a arte do juízo no campo prático, e a capacidade reflexiva de avaliar e de tomar decisões ponderadas no caso concreto. Segundo a *Ascética*, a ciência mediadora que tem o escopo de aplicar a ciência pura do *direito* a uma determinada constituição estatal existente é a política (GA II 5, p. 60). Esta deve demonstrar o caminho através do qual se possa pouco a pouco conduzir um determinado estado existente de fato até a única constituição jurídica conforme a razão. A política é, portanto, a aplicação processual da constituição ideal dentro da constituição factual, nascida pela pressão das circunstâncias particulares, aplicação que em todo caso exige também a intervenção do juízo prático do homem político. Em *Estado comercial fechado* (1800), a política é designada como "ciência do governo do estado efetivo": esta não trata de "o que é justo" – que é objeto da ciência pura –, mas do que nas condições dadas é realizável de "o que é justo". A política então "descreve a linha contínua" mediante a qual o estado presente se transforma no estado conforme a razão e termina no puro direito do estado (GA I 7, p. 51). Na carta ao ministro das finanças prussiano Karl August von Struensee, ao qual esta obra é dedicada, e que serve como premissa, encontramos o esclarecimento de que enquanto a ciência pura apresenta as regras gerais do direito, que são como tais aplicáveis a todos os casos particulares, mas também a nenhum caso específico, a ciência política deve proceder à "posterior determinação" da regra geral em vista de sua aplicação às circunstâncias específicas. Bem, além deste nível ainda teórico,

> *aquele que faz política tem sempre a tarefa de aplicar uma regra, que é inevitavelmente geral em certos aspectos, no caso particular, e de aplicá-la de forma um pouco diversa para* cada *caso particular, para que assim esta regra geral se mantenha muito próxima na aplicação.* (GA I 7, p. 42)

Esta aplicação *de forma um pouco diversa* de que Fichte fala aqui como exigência característica do agir político exige, *mesmo que a ciência pura jamais possa ser colocada de lado*, a intervenção do juízo prático do qual fala *Ascética*, juízo que postula a capacidade de se abrir à circunstância, de levar em conta as condições particulares, de combater a emergência.

A ética (*Sittenlehre*, doutrina dos costumes) de Fichte se move na perspectiva aberta por Kant. Ele assume, e repensa em uma ótica sistemática, os princípios basilares que são desenvolvidos na Analítica da *Crítica da razão prática*, em particular o nexo fundador entre a lei moral e a liberdade; todavia – em vista daquela que ele mesmo chamou de uma ética "real" (*Sistema de ética*, GA I 5, p. 126; 121) –, Fichte integra esta reflexão sobre princípios com uma reflexão sobre a condição, ou melhor, sobre a constituição do agente moral. Ele faz da "antropologia" – mesmo sem usar esta palavra – uma parte interna da ética; certamente não a parte fundacional, ou seja, a "dedução do princípio da ética" (aqui ressalta a fidelidade a Kant), mas a parte que tem por objeto a capacidade do princípio moral de determinar o mundo da consciência humana – parte que Fichte designou de "dedução da realidade e aplicabilidade do princípio da ética". Já a "teoria da vontade", que Fichte elabora na segunda edição (1793) de *Ensaio de uma crítica de toda revelação*, oferece uma atualização incisiva deste interesse fichteano por uma ética real, interesse que precede a elaboração das grandes exposições da Doutrina da Ciência.

O *Sistema de ética* (1798) é elaborado, conforme o título, "segundo os princípios da Doutrina da Ciência". É evidente a analogia com a doutrina do direito: a ética é desenvolvida como disciplina particular da ciência filosófica geral, mesmo se retroage sobre esta última e enriquece seus conceitos fundantes. Na ciência *filosófica* dos costumes, não se trata de encontrar novas regras morais através da reflexão "artificial" do filósofo, mas de explicitar as "ações originárias" que explicam a atitude moral que se dá na vida. É um fato da consciência o impor-se "no ânimo" de uma necessitação (*Zunötigung*) a agir de maneira independente do cálculo do resultado, ou porque se deve, absolutamente. Ora, o conhecimento filosófico é o conhecimento deste fato em seus princípios e a partir deles. A filosofia procede, sempre, geneticamente: não quer saber apenas *que* na consciência se manifesta um imperativo moral, mas quer compreender *de que modo* e *por que* esta surge de atos originários da razão (prática). Fichte compreende, portanto, a ética como a "*teoria da consciência* da natureza moral em geral e de nossos deveres determinados em particular" (GA I 5, p. 35; 17).

No primeiro livro é buscada a "ação originária", que é a gênese do fato moral descrito. Isto acontece através de três passos, que representam outros tantos aprofundamentos reflexivos da consciência que o eu real assume de si mesmo, segundo o caminho de uma fenomenologia genética. O primeiro passo evidencia que o eu observando a si mesmo apreende-se originariamente como desejante, ou seja, como tendência real a autodeterminar-se. O eu, porém – segundo passo –, não apenas *existe simplesmente* como tendência espontânea, mas é tal *na reflexão*: o eu desejante existe *como* refletinte, e por isto *se* põe como desejante. Dito de outra forma: o eu não apenas é liberdade como tendência espontânea, mas também é inteligência desta liberdade. De outro lado, a liberdade se apresenta como a "faculdade de uma causalidade mediante o puro concreto", ou como capacidade original de iniciativa mediante princípios inteligentes práticos. Podemos perceber as afinidades estruturais desta abordagem com a coetânea *Doutrina da Ciência nova methodo*, coisa que faz com que intuamos fecundas interações entre estas duas elaborações quase que paralelas. O terceiro passo da dedução – que é uma reflexão filosófica sobre este autoapreender-se do eu real – pretende jogar luz sobre *como* o eu se torna em ato ciente da tendência espontânea. A conclusão é que a expressão *na reflexão* da tendência ou do impulso (*Trieb*) espontâneos é uma "consciência imediata", ou uma *intuição intelectual*,

> *a única de seu gênero, que originariamente e realmente se apresenta em todo homem, sem a liberdade da abstração filosófica. A intuição intelectual, que o filósofo transcendental pretende de quem quer que o deva entender, é a mera forma de [esta] real intuição intelectual.* (GA I 5, p. 60; 45; tenha-se em mente sobre isto a *Segunda introdução à Doutrina da Ciência* de 1797)

Qual é o seu conteúdo fundante? Fichte argumenta que o conteúdo desta intuição real é que a inteligência deve conferir a si mesma a lei da "autonomia" (*Selbsttätigkeit* [autoatividade], mas Fichte utiliza também *Selbstständigkeit* e *Autonomie*) – autonomia, que não equivale a uma autoposse absoluta por parte do eu empírico, mas se põe para este último como a *tarefa* de determinar a si próprio à luz e segundo o eu puro (= razão prática). Ora, este pensamento é possível apenas na *condição de que o eu se pense como livre*:

> *Se tu te pensas livres estás obrigado a pensar a liberdade sob uma lei: e se tu pensas esta lei, estás obrigado a pensar-te livre, porque nessa [i.e., na lei prático-moral] se pressupõe a tua liberdade, e esta se anuncia como uma lei da liberdade.* (GA I 5, p. 65; 50)

Definitivamente: "A inteira existência moral não é senão uma ininterrupta legislação do ser racional a si mesmo; e onde esta legislação cessa, começa a imoralidade" (GA I 5, p. 67; 53). Retomo agora o tema inicial: a natureza *moral* do homem, que lhe se impõe como um fato da consciência, encontra o próprio fundamento genético "no pensamento necessário da inteligência", que esta deva determinar a própria liberdade, sem exceção, segundo o conceito da autonomia (*cf.* GA I 5, p. 69; 56). O tipo de agir por "necessitação interior" (Deve categórico) que tal natureza moral postula corresponde não a uma lei exterior, mas à estrutura profunda do humano, ou seja, ao seu impulso à autonomia, e este impulso é *o próprio modo em que o homem se encontra como um ser livre*. Por outro lado, e ao mesmo tempo: se o homem se pensa como ser livre, deve submeter esta sua liberdade àquela lei da autonomia (moral) que constitui a sua estrutura profunda e lhe se impõe como dever. Ou a lei moral é o modo necessário em que a liberdade se torna pensável, isto é, como a faculdade daquela autonomia que é a sua lei.

No segundo livro do *Sistema de ética* é posta em tema a "aplicabilidade" do princípio da moralidade, ou seja, é justificada e desenvolvida a legitimidade do princípio moral a determinar a efeitualidade, o "mundo", que é sempre mundo-para-uma-consciência. Aqui tem um papel central a compreensão da liberdade como "*princípio teórico*" – e não apenas como princípio prático – "*de determinação do nosso mundo*" (GA I 5, p. 63; 77). Significa que o princípio-liberdade não apenas é a via de acesso ao princípio moral, e nisto é princípio prático, mas também significa que abre uma visão do mundo, e nisto é princípio teórico. Do princípio da liberdade teórico recebo, por exemplo, a representação do homem como um ser livre; da mesma liberdade como princípio prático, recebo o comando de tratar este ser como livre. Vê-se assim que a liberdade medeia a aplicação do comando prático, ou revela, como liberdade teórica, possibilidades que esta própria, como liberdade prática, reconhece e afirma como deveres. Uma função central na aplicabilidade do princípio moral é a da concepção do "sistema dos impulsos", que tem como fator caracterizante a "natureza" em geral, e em particular a natureza do eu como desejante.

> *Eu mesmo sou, sob um certo olhar – não obstante absoluteza da minha razão [prática] e da minha liberdade –* natureza *e esta minha natureza é um impulso.* (GA I 5, p. 108; 100)

Neste ponto emerge com clareza, me parece, o sentido do programa fichteano de desenvolver uma ética real, que inclui, a respeito da ética de Kant, uma elaboração do plano antropológico, ou seja, uma consideração da "natureza" do homem enquanto momento que media *a aplicabilidade* do princípio moral, sem todavia revogar o primado do *Sollen*. Passamos realmente do Deve à natureza como esfera de aplicabilidade do Deve, não vice-versa; o princípio de Kant é integrado, não abandonado. O questionamento do *Sistema de ética* evidencia que o eu real (o eu da consciência, o desejante) é constituído por uma tendência espontânea que é una e dúplice, é um impulso originário que se articula como impulso espiritual puro e como impulso natural. Bem, a integração, obra da livre reflexão, do impulso natural no impulso espiritual, ou da orientação ciente do vital dos desejos em direção ao escopo da razão prática, é o impulso moral. O impulso moral é, portanto, um "impulso misto", que recebe do impulso puro a "forma", e do impulso natural a "matéria". Dito de outra maneira: o impulso moral é o estímulo moral à obra na efeitualidade dos desejos. Mais duas observações: o impulso é, em geral, um estímulo que ainda não passa à própria efetuação; para passar, exige uma determinação *livre:* não somos simplesmente determinados pela nossa própria natureza, mas devemos ter uma posição reflexiva a respeito dela. Além disso, o fato de o imperativo moral se apresentar como um impulso significa para Fichte que este não é um dado extrínseco e externo, mas é interno à estrutura do desejante e do agente.

No terceiro livro do *Sistema* é desenvolvida a "aplicação sistemática" do princípio da ética, coisa que constitui a "ética no sentido estrito". É evidente que também aqui decididamente está o programa fichteano de desenvolver a ética real. Encontramos antes de tudo o tratado das "condições formais" da ação moral, que são reconhecidas na liberdade do querer e na interação de consciência moral e juízo prático. A esta parte sobre as condições formais também pertence a discussão da "causa do mal" no homem, que é reconhecida na subordinação da liberdade reflexiva à "inércia", a ponto de obscurecer a consciência reflexa da lei moral. Enfim, Fichte oferece uma exposição ampla e bem articulada do "material da lei moral", ou da doutrina dos deveres concretos, que são compreendidos e deduzidos como o conjunto das exigências fundamentais e das ações necessárias que o homem – o qual é sempre pessoa em relação a si mesmo e às outras pessoas, ou seja, é indivíduo e comunidade – deve cumprir para adequar, pouco a pouco, o escopo da razão prática. Como a doutrina do direito, também a ética tem para Fichte uma "disciplina aplicativa" – coisa que ressalta a importância *filosófica* que o momento da aplicação tem para Fichte, sobre o que voltarei a falar. Na mencionada *Ascética como apêndice à moral* de 1798, a disciplina aplicativa da ética é, precisamente, a *Ascética*, a qual tem a tarefa de sugerir e aperfeiçoar os meios para reforçar a disposição moral.

Em conexão com os desenvolvimentos da Doutrina da Ciência, a ética fichteana também sofre significativos desenvolvimentos. Na *Introdução à vida feliz*, no contexto de sua teoria da quintuplicidade dos pontos de vista sobre o mundo, sobre o qual já falamos, Fichte tinha por exemplo distinguido o direito da moralidade, e depois também diferenciado dois níveis da própria moralidade: a "doutrina moral comum", em que "apreende-se o mundo como uma lei de ordem e do igual direito em um sistema de seres racionais", e a "moralidade verdadeira e superior" inspirada em "uma lei *que cria* o novo e aquilo que pura e simplesmente não está presente no interior daquilo que está presente" (*cf.* GA I 9, p. 107-109; 257-263). Significativo é que Fichte agora considere a própria doutrina precedente dos costumes, e também a kantiana *Crítica da razão prática*, como fundamentalmente pertencentes à "doutrina moral comum", em que a lei se expressa ainda apenas negativamente, enquanto se limita a eliminar o contraste entre as forças livres e a restabelecer o equilíbrio. Naturalmente pode-se discutir que a ética do ciclo de Jena, mas também a segunda *Crítica*, expressam o comando moral fundamentalmente em maneira negativa (Não deve), e talvez se possa dizer que Fichte aqui acentua uma diferença que é redimensionada e reconsiderada. Em qualquer caso acima do primeiro nível (elementar) da moralidade, a moralidade da regra, abre-se para Fichte o plano da moralidade superior, ou criativa, em que o agir é determinado pela "própria ideia, *qualitativa* e *real*": quem é apreendido por *esta* — observa o filósofo — quer realizar o humano segundo a sua destinação autêntica, de ser "imagem fiel" da "íntima essência divina" (GA I 9, p. 109; 265).

Esta orientação em direção à constituição de uma ética da ideia qualitativa e real marca também as aulas de Berlim sobre ética, em 1812. A relação da *Ética 1812* com o *Sistema de ética* de 1798 é menos estreita do que a que ocorre no tratado coetâneo do direito. A ética de 1812 também, como a teoria do direito do mesmo ano, parte de um "fato", assim: "O conceito é o fundamento do mundo, com a absoluta consciência de sê-lo" (GA II 13, p. 107). Com o termo "conceito", Fichte quer designar aquela ideia ética que na *Introdução à vida feliz* era o fundamento criativo da "moralidade superior". Não se trata então de um conceito-cópia, mas de um "conceito autônomo e prático", da imagem de algo que deve ser. Fichte sustenta que dizer que o conceito é fundamento do mundo equivale a asserir que a razão é prática, fazendo assim, mais uma vez, uma crítica interpretativa própria do grande tema kantiano. A primeira parte da ética não é senão uma análise do "fato" ora descrito, a partir da qual se evidencia não que o eu tem o conceito moral, mas que *o conceito tem o eu*: o eu deve viver a vida do conceito, ou seja, a ideia ética, e apenas assim este é agente moral. A segunda parte da doutrina moral é uma "fenomenologia", ou uma "completa doutrina da manifestação", em que se realiza uma elaboração dos conteúdos da vontade moral até a descrição da autêntica disposição moral. A ideia, o conceito moral, é compreendida como princípio de constituição da realidade efeitual, através da mediação do agir do eu real que encarna a ideia em um horizonte interpressoal. A comunidade dos indivíduos se apresenta definitivamente como o horizonte e o escopo da encarnação da ideia. O ciclo de aulas sobre ética termina com um tratado do relacionamento entre a doutrina de Deus e a Doutrina da Ciência, coisa que se refere ao fundo "metafísico" (no sentido kantiano e fichteano) em que se movem os pensamentos desta fase de Berlim da filosofia de Fichte, e que se deixa perceber também na doutrina moral, apesar de Fichte sempre prestar uma específica atenção à distinção da Doutrina da Ciência e da ética.

8. Religião, história, filosofia aplicada

À religião, Fichte dedicou particular interesse e atenção já a partir dos estudos teológicos e depois nos primeiros experimentos de escrita juvenis. A obra que o tornou famoso – o *Ensaio de uma crítica de toda revelação* (1. ed. 1792; 2. ed. 1793) – verte sobre o tema da religião, e tematiza as condições de admissibilidade de uma revelação do ponto de vista da razão prática. Como evidencia um parágrafo inserido na segunda edição – "Teoria da vontade como preparação a uma dedução da religião" –, Fichte procede sim da moralidade à religião através da mediação do conceito de sumo bem, como Kant, mas efetua esta passagem através de uma compreensão específica do *prático* que funciona como "divisa antropológica" para a justificação (= dedução) do religioso. Ele distingue três modalidades de afecção do impulso à felicidade por parte da lei moral: *ou* esta concede ao impulso uma permissão de valer condicionadamente (um "direito"); *ou* a lei moral reconhece um mérito, ou seja, de "ser digno da felicidade", àquele que sacrifica no imediato a satisfação do impulso; *ou* enfim a lei moral institui uma conexão de direito e de mérito.

Esta conexão é a "felicidade", a qual – escreve Fichte – é "infinita felicidade beata com direito infinito, e mérito" (GA I 1, p. 152; 147), "inteiro sumo bem". O inteiro sumo bem é, portanto, uma unidade de moralidade plena, justiça e autocumprimento, que *para nós* é uma "ideia" manifestada pela lei moral. Ora, a atribuição de um certo direito ao impulso ou um mérito da parte da lei moral não significa que o impulso tenha *ipso facto* um "poder legislativo" no plano empírico. Isto porém introduziria uma "contradição" da lei moral consigo mesma – permitiria de fato um direito ou um mérito ao impulso sem lhe conferir o poder de determinar a natureza segundo o quanto lhe é reconhecido –, contradição que pode ser removida apenas se a lei moral existir como *unidade imediata de querer e de poder*. Mas isto é possível unicamente em um ser no qual a lei moral não (apenas) comanda, mas domina, sem limitação alguma, um ser no qual (e graças ao qual) a necessidade moral é como tal, *em uno*, o que determina a natureza. Este ser é aquele a quem "chamamos de Deus" (GA I 1, p. 21; 9). Esta afirmação de Deus pertence precisamente à "teologia". A "religião" no sentido específico está *além* desta afirmação: exprime mais o influxo que a afirmação teológica tem sobre a vontade. Religião é o reconhecimento de Deus como garantia última e invencível do advento de um reino de justiça. Deus é de fato aquele que determina de forma última a natureza segundo fins morais. Este reconhecimento não constitui nem substitui a obrigação moral (motivo kantiano), mas se volta à nossa vontade empiricamente determinável, e aumenta e reforça − ao modo de uma confiança de fundo − o desejo de satisfazer a própria obrigação. Religião é porém não apenas confiança na justiça escatológica de Deus, mas reverência à sua santidade. É verdade que a lei moral se impõe no sentimento do respeito, mas pode sempre acontecer que a força deste sentimento acabe diminuída no caso concreto por parte da inclinação natural. Tal enfraquecimento do sentimento moral torna a queda mais fácil, mesmo que não a cause de maneira necessária. Ora, o sentimento moral recebe um reforço e uma profundidade particulares se a transgressão da lei é percebida por nós não apenas como infração à regra da razão, mas como uma desobediência ao "ser santo", cuja vontade é a lei.

Quanto à legitimação da admissibilidade da revelação, Fichte pressupõe estas elaborações sobre o conceito da religião (como "pura religião da razão"), e faz uma distinção entre a manifestação de Deus como legislador moral "através do sobrenatural em nós" na consciência da lei moral (que chama de "religião natural"), e a manifestação de Deus "através do sobrenatural fora de nós", ou "no mundo sensível". Esta última é a "religião revelada". A revelação é "anúncio", "comunicação"; precisamente é a "percepção" (a consciência de um fato histórico) que Deus realiza em nós com a intenção de nos comunicar o seu querer, ou melhor, de comunicar *si mesmo* como legislador moral. Enquanto a "religião natural" pressupõe uma certa ciência do sentimento moral, é pensável, *a priori*, uma situação de completo obscurescimento moral, na qual a pressão e a urgência das necessidades sensíveis tornariam impossível o desenvolvimento do próprio sentimento moral. Nesta situação então seria exigido, na raiz, "fundar o sentimento moral". Ora, exatamente este é o escopo de uma revelação: suscitar atenção à lei moral em um homem no qual o sentimento moral esteja mudo ou radicalmente enfraquecido – uma situação que "a experiência quase universal em nós e nos outros nos ensina quase cotidianamente" (GA I 1, p. 69; 63). Este despertar da atenção pode acontecer se *o próprio Deus se revela* como senhor que promulga e faz valer a lei moral com autoridade. É uma afirmação fundamental de Fichte a de que tal revelação de Deus não tolhe a liberdade, mas a conclama a ser ela mesma.

Nos anos de Jena, não temos uma exposição unitária de filosofia da religião análoga àquelas sobre a moral e o direito, mas diversas reflexões, algumas das quais foram solicitadas pela "disputa sobre o ateísmo". O escrito *Sobre o fundamento da nossa fé no governo divino do mundo* (1798) – que conversa com o ensaio de Forberg e que acende a controvérsia – quer elaborar uma resposta à questão de "como o homem chega à fé". Tarefa de uma filosofia transcendental é de fato a de explicar a condição de possibilidade da fé, de evidenciar sua gênese na consciência. O ponto de partida é o agir moral. Neste, proponho-me algo como fim, comandado pela lei moral e *junto*, e *ao mesmo tempo*, ponho este fim como realizável. Todavia, isto não significa que o fim proposto como realizável *deva necessariamente* (*muβ*) se realizar naquela esfera factual em que vigem também leis naturais e se apresentam fatores que podem se opor, e bem frequentemente se opõem, à conquista da intenção reta. Bem, Fichte sustenta que no agir moral, ocorre-se, é sempre pressuposta *em uno* uma "lei superior" segundo a qual esse chega infalivelmente a seu escopo, enquanto aquele imoral infalivelmente fracassa. Aqui está a raiz do "sentido religioso". A liberdade moral é levada pela "fé" de que a intenção reta, mesmo se temporariamente derrotada, tenha sucesso em virtude daquilo que Fichte chama de "ordenamento moral do mundo", segundo [o] qual, da disposição conforme ao dever, deriva também na realidade o fim racional absoluto" (*Reminiscências, respostas, perguntas* – GA II 5, p. 160; 211), ou que é garantia e fator eficaz de uma conciliação última de ideal e real. Esta é a "base da fé religiosa". No escrito *Sobre o fundamento da nossa fé*, Fichte identifica este ordenamento com Deus: "A ordem moral vivente e operante é ela mesma Deus; não temos necessidade de nenhum outro Deus e não podemos conceber nenhum outro" (GA I 5, p. 354; 81). Ele contesta que se deva sair deste ordenamento para lhe atribuir também um "ser particular qual sua causa", e que se deva pensar este ser como dotado de personalidade e consciência.

Estas posições suscitaram contra o filósofo a acusação de ateísmo. Na verdade, Fichte buscava uma "divisa" transcendental ao pensamento de Deus por um caminho que certamente colocava em discussão muitos conceitos da tradicional "ontologia" teológica. Nega-se, por exemplo, que os atributos da personalidade e da consciência possam ser atribuídos a Deus como ordenamento vivente do mundo, Fichte quer dizer que eles não lhe são adequados, dado que podem ser pensados apenas através de uma limitação, ou seja, determinados no recíproco limitar-se dos sujeitos. Aplicá-los a Deus equivaleria a "finitizá-lo", ou seja, a negá-lo *como Deus*. Fichte afirmava a infinidade de Deus e a anterioridade da realidade divina em relação ao eu humano. Nos *Escritos de justificação jurídica* (1799), ele sustenta que Deus não é um ser – uma substância, que para a Doutrina da Ciência é apenas uma determinação do agir da inteligência e que requer, para ser configurada, uma intuição sensível –, mas que Deus é *"puro agir"* (GA I 6, p. 46; 148), ou "vida e princípio de uma ordem do mundo supra-sensível". Na *Lettera privata* [*Carta privada*] (1800), explica que o ordenamento moral deve ser compreendido não como um *ordo ordinatus,* mas como um *ordo ordinans*, como ordem ativa, ou melhor, como ordenar vivente (*cf.* GA I 6, p. 373-374; 227ss); e precisa que a partir deste ordenar vivente deriva o sistema do "mundo moral", e que este deve ser pensado "de fora" dos seres morais finitos.

Estas posições encontram uma reelaboração original no terceiro livro da *Destinação do homem*. Aquela lei do mundo espiritual graças à qual posso pensar que a vontade reta foi alcançada deve ser compreendida como uma vontade que não é, como a nossa, dividida de sua consequência pela mediação do meio, mas é em si mesma e através de si mesma "ao mesmo tempo *ação* e *produto*, cujo querer [é] ocorrer; cujo comandar é realizar" (GA I 6, p. 291). Uma vontade tal é a vontade infinita. O "divino governo do mundo" é, portanto, a vontade vivente infinita, o querer-poder que em um único ato indiviso governa o mundo espiritual e que, como tal, harmoniza sempre — mesmo se em um modo que excede a capacidade de compreensão do nosso pensamento discursivo — a vontade conforme o dever do ser finito e a sua consequência idônea e meritória. A vontade vivente infinita é o princípio que liga a nossa vontade consigo mesma, liga entre si todas as vontades dos seres finitos, e é mediadora entre eles. Esta é diversa do finito "não pelo grau, mas pelo modo [de ser] (*nach der Art*)" (GA I 6, p. 296; 124). A vontade infinita age *na* vontade finita, mas age como *qualitativamente distinta* dela.

Na *Introdução à vida feliz ou a doutrina da religião* (1806),[17] encontramos uma determinação nova da

---

17 A *Introdução* — assim como os quase contemporâneos *Traços fundamentais da época contemporânea* e *Lições a missão do douto*, mas também os *Discursos à nação alemã* — é uma obra "popular", e não "científica". A diferença entre exposição popular e exposição científica da filosofia tange não ao conteúdo, que é o mesmo, mas ao método expositivo e argumentativo, que na exposição científica é dedutivo e dialético, e naquela popular é direto e se relaciona com o "sentido da verdade" presente em cada um. A exposição popular obedece a uma exigência comunicativa do pensamento fundamental a um público mais amplo do

essência da religião, que se vale do aprofundamento intensivo da Doutrina da Ciência que ocorreu naqueles anos. Não é que a ligação (kantiana) entre religião e moral seja deixada de lado, mas essa é sim contextualizada na doutrina da manifestação do absoluto graças a uma reelaboração do nexo ser-existência, que retoma as figuras conceituais das exposições coetâneas da Doutrina da Ciência da fase mediana. Fichte retoma a concordância fundamental entre os princípios da Doutrina da Ciência e o núcleo do cristianismo exposto no prólogo do quarto evangelho. É necessário distinguir neste último

> aquilo que nele é absolutamente válido e verdadeiro, em si e por todos os tempos, daquilo que era verdadeiro apenas para João, pelo ponto de vista de Jesus apresentado por ele. (GA I 9, p. 117; 289)

O primeiro nível é "metafísico", o segundo é "histórico". O conteúdo "metafísico" é apresentado pelos primeiros versículos do prólogo, em particular pelos três primeiros: dizem a unidade de Deus e de seu *logos* (saber, existência); que o *logos* (verbo) é "a revelação e a manifestação, clara e evidente a si mesma [de Deus]"; e que o *logos* é o "criador do mundo" (GA I 9, p. 119; 295). Este conteúdo concorda com

---

que aquele estudantil e acadêmico, exigência que é peculiar em Fichte; seu conteúdo, porém, é o mesmo conteúdo "especulativo", portanto esta exigência é compreendida como expressão do pensamento fundamental do filósofo.

os assuntos fundamentais da Doutrina da Ciência: que a "existência" do ser absoluto e vivente é intimamente unida a ele; que tal "existência" é razão originária, saber puro; que na "existência" originária é formada toda a esfera da manifestação (sensível e espiritual). O conteúdo "histórico" do prólogo de João começa (a partir do sexto, mas em particular a partir do nono versículo) quando é afirmado que o *logos*, a "existência" imediata originária, torna-se uma "existência pessoal, sensível e humana" em Jesus Cristo (GA I 9, p. 120; 299). Ora, este conteúdo "histórico" – "o verbo se fez carne" em Jesus – não é realmente arbitrário ou irracional. Fichte põe ao centro de sua interpretação o assunto "cristológico" de que Jesus recebeu a compreensão da unidade da existência humana com a existência divina, não por meio de uma pressuposta tradição, mas absolutamente através de sua pura existência: "a sua autoconsciência era imediatamente a verdade racional, pura e absoluta" (GA I 9, p. 191; 337). É a partir daqui que podem ser compreendidas filosoficamente as duas partes fundamentais do "dogma cristão": que Jesus é "o filho unigênito e primogênito de Deus, de um modo totalmente eminente, que não compete na realidade a nenhum outro indivíduo fora dele", e que "todos aqueles que a partir do tempo de Jesus se juntaram na união com Deus, foram unidos apenas através dele e por meio dele" (GA I 9, p. 122; 305).

A religião é apresentada na *Introdução* – já dissemos – como uma específica "visão do mundo" no contexto da quintuplicidade da consciência. A visão religiosa é o conhecimento de que os princípios morais (as "ideias") são a manifestação da essência íntima de Deus em nós. Esta clarividência consente numa compreensão mais clara de nossa destinação. Em particular, a visão religiosa se apresenta na conexão de três princípios: o princípio de que Deus apenas "é, e fora dele não há nada" (GA I 9, p. 110; 267); o princípio de que este conceito de Deus ainda é um modo "negativo" de pensá-lo, não diz *o que* é Deus; enfim, o princípio de que *o que* Deus é, a sua essência, revela-se apenas em "aquilo que *faz* aquele que se abandona a ele e é por ele inspirado" (GA I 9, p. 112; 271). A religião é um "conhecimento" de que *em uno é* vida, é viver a irrupção da vida e do querer divinos no centro do nosso eu e no ato concreto vivente. Daí a ligação de religião e "moralidade superior", de "contemplar" e "agir", e a diferença entre religião e ciência.

Uma determinação fundamental do relacionamento religioso do homem com Deus e de Deus com o homem – portanto da natureza da religião – é oferecida pelo tema do amor. A ligação entre o ser e a sua existência ou consciência originária é nesta última – enquanto esta é um "reflexo" – sempre uma ligação imediata: o ser é sempre sabido na (e a partir da) consciência no *enquanto* de uma especificação. Todavia, entre o ser e a existência se realiza uma forma mais profunda de ligação, em que sua unidade originária é efetivamente *vida vivente*, e isto é o amor.

O amor, união *originária*, está na raiz de cada mediação: não é oposto ao princípio da reflexão, mas se expressa *com* a ocorrência da reflexão. O amor é a forma original em que Deus se manifesta e se comunica ao homem, e é a forma do existir em que o homem é uno com Deus. Vínculo substancial entre Deus e o homem, o amor é apreendido na visão religiosa como aquilo que constitui a própria vida de Deus, dado que este é o próprio autossustentar-se do ser em seu existir e, enquanto tal, que é a própria raiz do homem, dado que é o afeto constituinte do ser finito o que forma e expressa na maneira mais exata a natureza de ser desejante. O amor é "fonte da verdade e da certeza", tanto na ciência como na vida. Em tal sentido, o amor é o fator que suscita a reflexão e a leva a se tornar o que deve ser: "amor do absoluto"; e é contemporaneamente princípio gerador de agir moral, ou suscita a práxis criativa da "moralidade superior".

Documentos fundamentais da meditação sobre a religião nos anos de ensino na nova universidade de Berlim são as aulas (publicadas de forma póstuma), com o título: *Doutrina do estado [Staatslehre], ou Da relação do Estado original com o reino da razão.*[18] Sendo

---

18 Na realidade, trata-se de aulas dadas de 26 de abril a 13 de agosto de 1813, que haviam sido anunciadas com o título: *Conferências sobre diversos conteúdos da filosofia aplicada*. Foram publicadas postumamente graças ao empenho de alguns alunos de Fichte, entre os quais o filho Immanuel Hermann, com o título: *Staatslehre...* (Berlim: Reimer). O primeiro *Diarium* contém reflexões que serão abordadas e desenvolvidas nestas aulas. Como diz o título do anúncio acadêmico, as aulas contêm conteúdos diversos, mesmo que unificadas a partir da perspectiva da "filosofia

um tema essencial a relação da religião e da história a partir da intelecção filosófico-transcedental, é oportuno antes de tudo relembrarmos alguns elementos da compreensão fichteana da *história*.

Sobre o estatuto da história como ciência positiva empírica, que deve ser distinta da ciência *a priori*, encontramos significativos esclarecimentos na *Lógica superior* de Erlangen, de 1805. Na obra quase contemporânea *Traços fundamentais da época presente* — trata-se de conferências dadas entre 1804 e 1805 e publicadas em 1806 —, Fichte elabora uma teoria "formal" da história e delineia os elementos de uma "característica" "material" da história europeia, além de uma interpretação da própria época, que tem essencialmente o escopo de oferecer uma orientação à práxis. Falarei, portanto, de uma abordagem prático-ética à história, que exige uma íntima elaboração científica, ou a "dedução" do conceito do ser histórico no horizonte da manifestação do absoluto — a propósito do qual trazem esclarecimentos essenciais também os *Discursos à nação alemã*. A distinção entre *Historie* e *Geschichte* também tem um papel importante: *Historie* é a compreensão do conjunto

---

aplicada": Doutrina da Ciência, doutrina da religião, doutrina da história e também reflexões sobre o "conceito de guerra verdadeira", estas publicadas como livreto autônomo já em 1815, por Cotta, em Tübingen, com o título de Über den Begriff des wahrhaften Krieges. In Bezug auf den Krieg im Jahre 1813. Apreende-se, a partir disto, a relação das aulas com o momento politico, com a reabertura da guerra entre Prússia e França – a "Guerra de liberação" (*Befreiungskrieg*) – que levara à batalha "dos povos" (*Völkerschlacht*), em outubro de 1813 perto de Leipzig, e à retirada de Napoleão dos territórios alemães.

dos acontecimentos como tal, em sua factualidade e sua particularidade; *Geschichte* é a compreensão filosófica do evento, é o conceito que abrange a vida da humanidade sobre a terra a partir da ideia de um "plano universal" (*Weltplan*), segundo o qual o escopo desta própria vida é: "instituir com liberdade todas as relações [humanas] segundo a razão" (GA I 8, p. 198; 85).[19] Apreende-se a intenção — conhecida por outras facetas diversas — de valorizar tanto o momento *a priori* na consideração da história, sobre o qual verte o estudo do filósofo, quanto o momento *a posteriori*, que é o objeto de estudo do historiador empírico, ou do historiógrafo.

Em particular, à luz da ideia do "plano universal", o filósofo pode distinguir duas épocas capitais da história: uma em que a humanidade vive sem ainda ter instituído com liberdade as próprias relações segundo a razão, e a outra em que tal instituição é realizada com liberdade conforme à razão. Com base nesta divisão fundamental, é possível articular alguns termos intermediários do "plano universal", e assim este é definitivamente composto de cinco épocas: 1) a época do domínio incondicionado da razão na forma do instinto racional, denominada por Fichte de "estado de inocência do gênero humano";

---

19 NT: Em português, ambas as palavras correspondem a "história". Em alemão, porém, há diferença. *Geschichte* é uma palavra muito mais antiga, e corresponde a relatos, histórias, contos. Segundo o teólogo Karl Barth, por exemplo, *Historie* é algo que pode ser provado pela ciência da história, enquanto *Geschichte* é algo que realmente aconteceu no tempo e no espaço, mas que pode, ou não, ser provado.

2) a época em que o instinto racional se transforma em uma autoridade coerciva exterior, o "estado do pecado incipiente"; 3) a época da liberação tanto da autoridade exterior quanto do instinto racional, o "estado da pecaminosidade completa" – para Fichte, esta era a época em que se encontrava a humanidade; 4) a época da "ciência da razão", em que a verdade é reconhecida, o "estado da justificação nascente"; e 5) a época da "arte da razão", em que a humanidade *se realiza* com liberdade como imagem da própria razão, o "estado da santificação e justificação completa". É necessário ter-se em mente a finalidade ético-prática desta concepção *a priori* da história expressa na ideia de um "plano universal". Não é uma "camisa de força" especulativa para aprisionar os acontecimentos, mas oferece um critério reflexivo de interpretação da história, afirma uma direção de sentido que remonta ao "conhecimento e à observação do mundo" para estabelecer em qual fase se encontra pouco a pouco, e abre uma perspectiva para o agir. Não basta o conhecimento da lei universal *a priori* para realizar a unidade de razão e liberdade, mas é necessária a "arte da razão", ou o momento prático-aplicativo. Esta crucialidade do momento prático-aplicativo, da encarnação concreta, é acentuada com os *Discursos à nação alemã*. Além de ser uma filosofia da educação e da cultura radicada em bases científico-filosóficas da Doutrina da Ciência – isto é, parece-me, seu estatuto epistemológico, não raramente mal compreendido na (atormentada) história das críticas desta obra

–, os *Discursos* são também um ato "político", que "convoca" o povo alemão a tomar consciência da própria tarefa espiritual e política em um momento histórico crucial para a Europa e a Alemanha, após a derrota de Jena.

As *Conferências sobre diversos conteúdos da filosofia aplicada*, de 1813, ou a *Doutrina do Estado*, desenvolvem esta perspectiva, mediante uma ligação entre a filosofia da história e a filosofia da religião. Estas aulas também são uma conclamação à responsabilidade "ético-política" do povo alemão frente à reabertura do conflito da Prússia com a França imperial na primavera de 1813 (a "guerra de liberação) e ao seu desenvolvimento, que no começo se apresenta desfavorável à Prússia (vitória de Napoleão em Lützen, 2 de maio). Sua base teórica, como se perceberá, reflete a reflexão sobre a Doutrina da Ciência dos últimos anos de Berlim. A história (*Geschichte*) – sustenta Fichte – vem a ser a partir da interação entre a liberdade e o fundamento ético-espiritual e metatemporal do mundo. Este último é chamado de "o ser absolutamente qualitativo do aparecer" de Deus (GA II 16, p. 92), ou a forma da presença de Deus na história da liberdade, presença denominada também "providência" (*Vorsehung*), "milagre" (*Wunder*) ou "revelação" (*Offenbarung*). A revelação do absoluto como fundamento ético-espiritual do mundo inicia a história da liberdade e acompanha seu desenvolvimento. É necessário em particular distinguir uma revelação supratemporal e uma temporalidade de sua manifestação, que é evocada pelo ato concreto da liberdade e se encarna em figuras históricas. Aqui, no manifestar-se temporal da revelação, impõe-se a distinção entre duas épocas fundamentais da história: o "antigo mundo" e o "novo mundo". No "antigo mundo", liberdade e revelação são separadas. Fichte sustenta a ideia de dois "povos originários", um portador da revelação na forma de uma fé natural, o outro portador da liberdade e do intelecto. A partir do relacionamento entre fé e intelecto, nasce a história da liberdade.

Mas no "antigo mundo", o relacionamento é polêmico: o intelecto queria se emancipar da fé, porque a visão fundamental religiosa e moral "não era aquela justa", e tinha um caráter apenas "preparatório". Com Jesus, a situação muda radicalmente. No "novo mundo", inaugurado pelo cristianismo, o intelecto confirma a fé em seu conteúdo autêntico, e isso porque a nova visão é a real e definitiva. A fé não é, portanto, apenas aquela natural do "antigo mundo": essencialmente, a fé (*Glaube*) é o relacionamento da consciência com uma imagem *dada*, histórica, do originário. De sua parte, o intelecto (*Verstandt*) é a intelecção da imagem dada com base na imagem da *lei* de seu vir a ser. Portanto, a fé expressa o relacionamento vivente com o originário, que o intelecto deve sempre novamente levar à compreensão, e o intelecto – em uma visão adequada do princípio, como aquela do cristianismo – altera sim a "forma" da fé, porque reconduz o fato à lei genética, mas de modo a dever se referir continuamente à fé em seu conteúdo, ou melhor, àquele fato de que "se vê" a lei. Eu diria, ainda: nenhuma "superação" dialética da fé no saber, mas a interação entre os dois perfis, ou pontos de vista constituintes da consciência. No "novo mundo", a revelação e a liberdade, não mais separadas, agem em unidade. No cristianismo, Deus não se apresenta mais como um autor incompreensível e caprichoso da natureza e da história; manifesta-se como o "criador da liberdade": a sua vontade é a própria posição de uma ordem ético-espiritual que a liberdade é *livremente* chamada a encarnar e a realizar. O homem, por sua vez, não é mais visto como uma "natureza" objetivamente destinado, mas é aquele ser que *na liberdade* obedece ao imperativo moral, portanto cada homem é concebido como *livre*, e no ser-livre, como *igual* a qualquer outro homem.

O cristianismo é considerado essencialmente, por Fichte, como "o evangelho da liberdade e da igualdade". Seu "*conceito unitário essencial* [...] é o *reino dos céus*" (GA II 16, p. 136), oposto ao *reino deste mundo*. O reino dos céus existe entre um "já" e um "ainda não", entre a sua *presença* inaugurada por Jesus, primeiro cidadão e fundador do reino, e sua *conclusão* através da livre doação (*Hingebung*) do homem, que de tal modo começa a dele fazer parte como cidadão. A liberdade é, por isso, chamada a decidir por si; a livre doação requer, porém, uma imagem deste próprio ato, que lhe abra em uma figura concreta a perspectiva última e a exorte a entrar no reino.

A filosofia requer, "segundo uma lei *a priori*", uma "pessoa principal" (um protagonista, *Hauptperson*) da história, que seja unidade *real* de liberdade e imagem. É neste limite que fica a filosofia como reflexão *a priori*, e remete por si *a além de si*, remete à história.

> Esta pessoa absolutamente necessária corresponde com o que as narrativas nos relatam sobre Jesus, e nós compreenderemos aquela lei [a priori] e as suas exigências em uma conexão orgânica apenas se pensarmos Jesus como esta pessoa necessária. (GA II 16, p. 141)

O cristianismo é "doutrina" (*Lehre*) e "constituição" (*Verfassung*). Por um lado, é "coisa do intelecto, da intelecção clara" (GA II 16, p. 132); por outro lado, é determinação prática do factual à luz do princípio de que apenas Deus é o absoluto e os homens são, em relação a ele, seres livres e iguais. Aqui se apresenta uma posterior dialética "histórica". Por um lado, *a parte Dei*, não pode falhar a manifestação do reino sobre a terra; por outro lado, e juntamente, a liberdade pode falhar, pode recusar a tarefa que lhe é designada. Todo momento da história temporal é, portanto, colocado em risco da liberdade; a história é aberta no bem e no mal; esta é uma partida em que uma parte decisiva compete à nossa liberdade, certamente em relação com o imperativo categórico, a respeito do qual a liberdade não pode não (*muß*) tomar posição, mesmo se é chamada a tomá-la precisamente *como liberdade*. A consciência religioso-moral de que "Deus não se manifesta em vão" (GA II 13,

p. 164) é definitivamente uma confiança racional – não uma certeza lógico-metafísica, nem uma prova empírica – na realização da justiça, que nada subtrai à responsabilidade moral, nem pode ser traduzida em uma explicação "científica" de um desenvolvimento "necessário" da história. É mais uma intuição de um sentido que – apesar de qualquer desmentido ou oposição por parte do factual – encontra espaço na dialética da existência moral e a ilumina.

Muitas vezes, aparece a importância que o momento da aplicação tem em Fichte. A filosofia não é apenas sistema dos princípios da fenomenicidade, mas também a elaboração de esquemas que consintam à liberdade da reflexão uma encarnação prático-poiética dos mesmos. Por sua vez, esta encarnação deve considerar a situação determinada que deve enfrentar, e isto implica que a teoria da aplicação deva consentir numa certa flexibilidade de atuação. Como Fichte considerava a *filosofia aplicada*? Podemos encontrar uma resposta exatamente na Introdução à *Doutrina do Estado*, na qual Fichte – como indica o título com o qual ele havia anunciado o curso: *Conferência de vários argumentos sobre a filosofia aplicada* – propõe uma caracterização própria desta última. A filosofia aplicada é o interesse de base da Doutrina da Ciência colocado em jogo, contribuindo para uma realização prática conforme à razão das relações entre os seres humanos dentro daquilo que Fichte chama de "Estado", mas que deveria "mais exatamente" ser chamado de "reino" (*Reich*), ou seja, a realidade efeitual a partir da "liberdade de todos através da liberdade de todos" (GA II 16, p. 48), não um *imperium* ou uma monarquia universal, mas uma *associação* conforme a razão (*Vernunftreich*) de livres e iguais, a serviço dos quais devem ser orientadas as instituições políticas. O conceito de filosofia aplicada é, portanto, colocado em jogo a partir do próprio conceito de filosofia. Esta é – como já dissemos – o conhecimento da gênese transcendental da imagem, ou seja, do provir do fenômeno como instituição do que Fichte chama de essência (*Wesen*), o ato existencial da vida vivente. Mas se é assim, a filosofia é uma ciência liberadora, é a "ciência da liberdade", a partir de uma factualidade dogmaticamente hipostatizada. Além disso, a filosofia não é apenas conhecimento livre, mas também um ato (liberador). A Doutrina da Ciência é sim teoria, ciência transcendental, mas também é uma determinada prática do filósofo. Portanto, a filosofia aplicada é a *própria* filosofia na sua essência liberadora, como prática filosófica dentro do espaço da comunicação com o fim de determinar a história, de incidir sobre a sociedade (pensemos aqui nos *Discursos à nação alemã*). Em particular, a filosofia aplicada pode ser declinada em dois sentidos: é "vida moral" e é "sabedoria" (*Weisheit*), ou aquilo que se chama "filosofia prática" (GA II 16, p. 30ss.). *Primeiro* sentido: o filósofo é sim um "cientista teórico", mas também vive e pratica o conhecimento filosófico: nele, a filosofia é "criadora do ser". A filosofia é, portanto, aplicada enquanto vivida pelo filósofo como prática criativa do ser e se realiza como *vida moral*, ou seja, como força formativa do "mundo". *Segundo* sentido: a Doutrina da Ciência é, em sua aplicação, "sabedoria". A ideia de sabedoria assume um papel significativo no âmbito das aulas berlinenses: a sabedoria é a vontade que se autocompreende e se doa à intelecção científica, é a vontade transfigurada a partir da intelecção e é a própria intelecção como vontade em ato, e assim a ciência, tornando-se *esta* vontade, torna-se sabedoria e tem aplicação. Então a sabedoria (*Weisheit*) é diversa da *Klugheit* (habilidade, astúcia) – que é a virtude do agir orientado pelo impulso interessado (*eigennützig*). A sabedoria é o "saber verdadeiro" *enquanto* força do comportamento, é *unidade de intelecção e de vontade*. Como sabedoria, a filosofia aplicada se torna definitivamente "guia (*Leiterin*) da vida e do agir" (GA II 16, p. 30), "filosofia prática", ou fornece uma orientação do agir em vista da construção do reino da razão movendo-se a partir da condição presente. Trata-se de um saber prático que é *ciência em aplicação*, e que como tal não pode prescindir da ciência filosófica. Retomando de forma diversa uma impostação kantiana: a sabedoria sem ciência é cega, mas a ciência sem sabedoria não retorna na vida como força formativa do mundo.

III.
Conceitos-
-chave[20]

---

20 Um léxico fichteano é até agora um desiderato da pesquisa sobre Fichte. Sem a mínima pretensão de ser suficiente, apresento aqui uma ilustração de alguns poucos termos-chave – muitíssimos faltam, como se percebe facilmente – e me limito a fornecer sobre eles uma primeira e muito breve caracterização, ciente de que qualquer um desses exigiria longos e articulados tratados para ser descrito de forma aceitável, mesmo porque muitos destes termos evoluem em seu significado no curso do caminho do pensamento de Fichte.

Absoluto (*das Absolute*): exprime o originário, o princípio uno e incondicionado da manifestação e da consciência; a isto, Fichte se refere também com outros termos, como: uno, ser, vida e Deus, que pertencem por isso à mesma área semântica. O originário não apenas é, mas também existe, ou seja, manifesta-se. A Doutrina da Ciência é reconstrução genética da manifestação do absoluto.

Atividade (*Tätigkeit, Tathandlung*): exprime a essência do princípio fundante do saber, ou a natureza daquilo que Fichte denomina de eu (puro ou absoluto): não coisa, mas atividade. Como *Tat-handlung*, ação-em--ato, a atividade se diferencia da *Tat-sache*, a ação-fato, e a funda. A *Tathandlung* é, portanto, o ato transcendental fundante da consciência e é nomeada também como egoidade, sujeito-objetividade.

Certeza (*Gewissheit*): é a qualidade do saber absoluto. O saber puro, fundante de todo saber objetivo e subjetivo, exprime-se, na reflexão que o penetra, em (e como) um sentimento de certeza. A certeza acompanha, portanto, a consciencialização da verdade do saber.

Consciência *(Bewusstsein)*: é a manifestação auto-ciente do princípio genético; é o resultado sempre em via de autoformação do agir da atividade pura, ou seja, da sujeito-objetividade, em relação com uma resistência sentida. Como tal, a consciência se articula em consciência de si (autoconsciência) e em consciência objetiva, e age como consciência teórica e prática na constituição do saber ou experiência.

Convite/exortação/apelo (*Aufforderung, Aufruf*): é o meio que torna possível a gênese da autoconsciência individual. O vir a ser da consciência individual, como autoconsciência de um ser livre, exige que a intuição da liberdade seja comunicada ao indivíduo por um outro indivíduo na forma de um apelo à liberdade que fomente a autodeterminação sem necessitar: o indivíduo, como liberdade ciente, nasce portanto em razão do apelo à liberdade que provém, e não pode não provir, de uma outra liberdade ciente individual. Definitivamente: o eu como ser livre e autoconsciente "nasce" no relacionamento de apelo/resposta com o outro.

Determinação/destinação (*Bestimmung*): a determinação exprime aquele passar ou aquela passagem da reflexão – e da vontade refletinte – da determinabilidade à determinação, que torna possível e forma o saber ou a experiência, seja em sentido prático, seja em sentido teórico. A destinação exprime, por sua vez, a determinação ético-religiosa do homem em geral e do homem de cultura (*Gelehrte*) em particular, ou aquilo que exprime e individua o escopo de sua existência, a "vocação". A destinação é, portanto, uma determinação a partir de um escopo compreendido como digno de ser.

Deus (*Gott*): para a Doutrina da Ciência, exprime o princípio genético originário e incondicionado do aparecer ou do ser-aí (*Dasein*), princípio ao qual convêm também outras denominações, como: uno, ser e vida – que todavia são, por sua vez, apenas esquematizações da gênese pura. Do ponto de vista ético-religioso, Deus, ou o divino, é *ordo ordinans*, o ordenamento ativo e vivente do mundo moral, ou a vontade infinita que funda e une as vontades finitas, ou também Deus é o ser puramente vivente como tal, cuja vida interna é o amor, aquela vida que é a própria raiz do homem.

Doutrina da Ciência (*Wissenschaftslehre*): exprime a concepção fichteana da filosofia. A filosofia deve elevar-se para ser a Doutrina da Ciência, ou seja, teoria que reconstrói as condições de possibilidade e de atuação do saber ou da experiência humana em geral, e que é capaz de refletir sobre as próprias operações neste seu fazer (e é portanto compreensão transcendental). Para acessar o ponto de vista da Doutrina da Ciência, é necessário cultivar o órgão ou a visão espiritual, sendo esta reflexão à segunda potência o que se diferencia seja do ponto de vista ordinário, seja dos "saberes objetivos".

Esforço/tender (*Streben*): é a forma de existência da consciência prática ou do eu prático.

O eu-da-consciência é por um lado radicado na atividade pura (*Tathandlung*), e por outro remete ao que está contra e resiste (assim, é o eu representante): o esforço é a forma de relação em que o eu-da-consciência assume e vive a tensão entre estas duas polaridades. O eu é finito/infinito por seu esforço. Apenas enquanto a tende, ou seja, há esforço, o eu encontra objetos e forma representações.

Eu (*Ich*): considerado como eu puro ou eu absoluto, é designado como eu – também: egoidade (*Ichheit*) – o princípio genético da consciência; neste sentido, isto se identifica com a intuição intelectual. A consciência pode ser explicada apenas a partir do pôr-se da atividade espiritual (*Tathandlung*), ou do pôr-se do eu (egoidade), que é ato prático, antes de teórico, ou é ato prático-teórico. Para isto, é necessário distinguir entre o eu puro e o eu individual: o primeiro funda e torna possível o segundo. Por sua vez, o eu individual tem o eu-intuição intelectual qual princípio genético e o eu-ideia qual meta assintótica de seu tender, que por isso se apresenta como um entrelaçamento de momentos práticos (por exemplo, sentimentais, pulsionais, volitativos). Considerado a partir da manifestação do absoluto, o eu é o meio vivente no qual a aparição aparece a si mesma; portanto não é o absoluto, mas a imagem da imagem do absoluto, em que este último se torna visível, embora diferindo-se.

Existência/ser-aí (*Existenz, Dasein*): é radicalmente a manifestação do absoluto, o seu ser; identifica-se com a consciência entendida em sua estrutura quíntupla original e em sua abertura intencionalmente infinita, mediada por determinações da liberdade refletora.

Fenômeno/manifestação/aparição (*Erscheinung*): designa aquilo que se apresenta e o modo de apresentar-se do princípio, ou do ser, ou da vida. Esta tem uma estrutura complexa, e a Doutrina da Ciência, ou seja, a filosofia, tem a tarefa, uma vez atingido o princípio – o tanto quanto possível, a partir do perfil de uma filosofia que se arraiga à autocriticidade da razão –, de reconstruir as formas essenciais da sua aparição ou fenômeno. Neste sentido, a filosofia é (também) doutrina da manifestação (fenomenologia), que deve se radicar na teoria da verdade.

Imagem *(Bild)*: podemos falar de imagem no sentido teórico, ou seja, de reprodução (*Abbild*), e de imagem no sentido prático, ou seja, de modelo/projeto (*Vorbild*). O saber (prático-teórico) é essencialmente imagem, portanto a doutrina do saber deve e pode ser compreendida e desenvolvida como teoria da imagem. A imagem assume, portanto, uma extensão e uma intensão análogas àquelas da aparição (*Erscheinung*): toda a realidade "fora" do absoluto é imagem, e pode ser explicada *apenas* como imagem, por sua vez complexa e articulada, do próprio absoluto.

Imaginação (*Einbildungskraft*): é forma de atuação basilar da consciência teórica, a qual é "primariamente" consciência imaginante. A imaginação originariamente produtiva — distinta daquela reprodutiva — através de seu oscilar forma aquela síntese imediata dos opostos, ou aquele substrato intuitivo de imagens, ao qual se produz a representação. Através de seu oscilar entre os opostos — entre infinidade e limitação, entre polaridade subjetiva e polaridade objetiva — a imaginação temporaliza, "estende" portanto o eu no tempo e como tempo. Não há tempo para o eu e como vida do eu sem o agir da imaginação. A temporalidade constitui, então, o material do eu--da-consciência, mesmo se o eu (como *Tathandlung*) excede a temporalidade e a torna possível.

Impulso (*Trieb*): é a estrutura de base constituinte da consciência humana. Tudo o que se apresenta na consciência é nela ativo originariamente no estado de pulsão, ou como uma causalidade que não causa de fato, mas que, para passar à efetuação, exige uma determinação da livre reflexão. Por sua vez, o impulso se apresenta como unitário e articulado, é uma pulsão à autonomia que se declina em (e segundo) um complexo de pulsões específicas (por exemplo: impulso natural, impulso espiritual, impulso moral).

Intuição (*Anschauung*): é o "primeiro" produto do liberar-se da imaginação em relação à resistência sentida. Sobre esta intervém "de um só golpe" a ação do intelecto (*Verstand*), que fixa e estabiliza o tornar-se intuitivo e produz a representação. Intuição e intelecto – também: pensamento (*Denken*) –, liberdade intuinte e posição de lei, são os dois fatores necessários para o vir a ser do saber ou experiência. A intuição intelectual (*intellektuelle Anschauung*) é, em vez disso, o originário referir-se a si mesma da inteligência, ou da atividade espiritual (= eu). Esta não vai a um "ser", no sentido de "objeto", mas a um agir (intelectual); é intuição do agir. Como tal, a intuição intelectual é o princípio genético da consciência humana, e deve ser posta como fundamento da filosofia. A intuição intelectual da qual parte o filósofo é a forma da intuição intelectual que age na consciência de cada um.

Liberdade (*Freiheit*): é a essência do agir da inteligência, ou do princípio espiritual. No eu-da-consciência, esta é ativa originariamente como uma pulsão; manifesta-se também como liberdade da reflexão, que funciona como princípio constituinte da experiência humana. Assim a liberdade é princípio, ato, e a liberdade é fato, acontecer concretamente-concreto. No plano moral, isto significa, por exemplo, que a liberdade como autonomia é a lei da moralidade (que é lei da liberdade e pela liberdade), e também é sua mediação atuante indispensável. A Doutrina da Ciência é o "sistema da liberdade" compreendida nesta sua dupla dimensão de ato e de fato, de princípio e de evento.

Luz (*Licht*): é a forma objetiva da manifestação da vida, ou do absoluto, ao qual se correlaciona do lado subjetivo o conceito, ou conceito originário. A luz é a evidência que o saber deve ter em si mesmo para sê-lo: se esta evidência deve se apresentar como saber ou experiência, deve ser posta uma mediação, e este é o conceito, o princípio da distinção e da relação.

Não-eu (*Nicht-Ich*): exprime a oposição, ou a polaridade opositiva que é necessária para que se dê o saber ou a experiência. Para tal escopo, de fato não basta, mesmo sendo naturalmente necessário, que aja a ação-em-ato do eu (puro), a inteligência, mas é necessário que esta encontre uma alteridade que se lhe oponha, ou seja diferente da posição originária: esta oposicionalidade é denominada não-eu. O não-eu é, portanto, um princípio epistemológico essencial. Da "dialética limitativa" de eu e não-eu sobre o fundamento da *Tathandlung* é que nasce a vida da consciência.

Quintuplicidade (*Fünffachheit*): exprime a articulação formal da consciência, que é uma relação dupla de objeto e de sujeito (daí, quatro termos: objeto, sujeito, sujeito e objeto), os quais remetem como ponto central (e quinto) ao foco da intuição intelectual. Esta quintuplicidade formal se apresenta na experiência e autoexperiência do eu-da-consciência também como articulação de pontos de vista sobre o mundo: sensibilidade (objeto), direito (sujeito),

moralidade (sujeito), religião (objeto), ciência filosófica (sujeito-objeto).

Razão (*Vernunft*): é a faculdade de pôr absolutamente;
exprime-se no (e como) pôr-se do eu (= egoidade).
A razão é um fazer que intui a si mesmo, ou atividade
espiritual capaz de olhar a si mesma. A razão prática
– que se intui a si mesma – é a raiz da razão inteira,
e como tal precede e funda a distinção entre razão
ético-prática e razão representativo-teórica.

Reflexibilidade (*Reflexibilität*)/**reflexão** (*Reflexion*):
a reflexibilidade designa a disposição originária à
relfexão que reside no fundo da vida consciente.
Constitui como tal uma das dimensões fundamentais da fenomenicidade. A realização da reflexibilidade é o agir da reflexão, mediante a qual se articula
e se desenvolve a vida da consciência. A reflexão é,
por sua vez, posta em ser a partir da liberdade, que é
a faculdade da reflexão, em relação com leis, as quais
devem ser compreendidas, por seu turno, em sua
essencialidade última, como leis de liberdade.

Representação (*Vorstellung*): é o resultado da atividade cognoscitivo-teórica da consciência, da qual
a Doutrina da Ciência deve reconstruir a gênese, a
partir do agir da imaginação e dos serviços da intuição
e do intelecto, em relação à faculdade de julgar e a
razão. Todavia, a representação tem uma raiz prática: é
porque o eu é prático-tendente que encontra objetos, dos quais se configura uma representação.

Saber (*Wissen*): é o "tema" da Doutrina da Ciência (a qual é saber do saber e do saber-se), e é compreendido não apenas como saber científico, mas também como experiência humana em geral. Em particular, a Doutrina da Ciência verte sobre o saber na sua essencialidade, ou seja, não sobre saberes particulares, fundados pelo primeiro, mas pelo que é designado de saber absoluto, ou o saber considerado em suas estruturas constituintes. Como consciência ou experiência em geral, o saber é manifestação, ou ser-aí do absoluto.

Ser (*Sein*): compreendido como objeto (= coisa), é aquilo que se opõe ao sujeito (= eu). Compreendido como vida, ser-vida, é o princípio do qual a consciência é manifestação ou ser-aí. Compreendido neste segundo sentido, o ser é único e incondicionado, e todo o essente deve e pode ser compreendido apenas como manifestação ou fenômeno do ser-uno.

Transcendental (*transzendental*): é o tipo de filosofia que Fichte se propõe a desenvolver e que caracteriza a Doutrina da Ciência (chamada também de idealismo transcendental). A filosofia transcendental não reconhece o princípio da experiência nem no objeto nem no sujeito, mas na unidade de ambos, na sujeito-objetividade, ou na *Tathandlung*. A filosofia transcendental é aquela que visa à unidade do fazer e do dizer do filósofo: estes devem poder legitimar reflexivamente as operações que pratica, ou de responder à pergunta: como sabe aquilo que afirma saber?

Ver (*Sehen*): é o saber como "reflexo" da vida absoluta, que no ato do viver se expõe em uma imagem de si mesma. A vida é, portanto, princípio do ver, e o ver é única aparição da vida, mesmo se entre a vida e o ver permanece uma diferença insuperável. Por sua vez, o ver tem uma estrutura complexa e reflexiva. É capacidade de ver, é ver e é ver-se (neste ver-*se* emerge a forma-eu). No fazer-se visível do ver, que é portanto princípio transcendental, residem "todas as leis da consciência", das quais a Doutrina da Ciência deve oferecer a justificação reflexiva.

Verdade (*Wahrheit*): é a absoluta unidade e imutabilidade da visão, ou saber estável, que se diferencia da multiplicidade e da mutabilidade de opinião. A filosofia deve "expor a verdade", reconduzir o multíplice ao uno, e evidenciar o uno como princípio do multíplice e o multíplice como principiado pelo uno. Por isto, a filosofia é teoria da verdade e da manifestação.

Vida (*Leben*): a Doutrina da Ciência é doutrina da vida. Como teoria transcendental, esta reside em um ponto de vista diverso daquele da vida, compreendido como ponto de vista da consciência comum, e exercita em relação a esta um papel justificativo, modificativo e pedagógico. Se compreendemos a vida como o princípio genético da manifestação, como ser e vida em uno, então esta é a fonte fundamental de cada ser da manifestação e o ver é seu reflexo, e assim a teoria da ciência, como ver do ver, deve reconstruir as formas da aparição da vida como ver e ver-se – e é por isto, exatamente, doutrina da vida.

Vontade (*Wille*): como vontade pura, é a raiz da vida consciente, exprime portanto a energia que reside na base da consciência teórica e prática, e que gera suas expressões. A vontade é a capacidade de determinar-se do eu, ou de passar da determinabilidade à determinação e de dar origem à experiência do real no conjunto aberto de suas determinações específicas. Não há vontade sem livre-arbítrio, ou sem reflexão e deliberação, mas por sua vez o livre-arbítrio acontece a partir do agir da vontade pura.

IV.
História da recensão

Aqui se encontrará não uma história da crítica, para a qual recomendo *Introduzione a Fichte*, de Claudio Cesa (Roma, Bari: Laterza, 1994, p. 197-231), mas apenas a evocação de alguns momentos e problemas da recensão da filosofia de Fichte, que caracterizaram ou condicionaram a imagem com a qual agiu ou age na cena filosófica. É oportuno considerar que a recensão de Fichte se apresenta hoje como um canteiro de obras, mais do que um depósito pronto, no sentido de que a estação contemporânea da pesquisa sobre Fichte tem, entre seus motivos inspiradores, também, e exatamente, aquele de uma reconsideração crítica, um enriquecimento e um aprofundamento da imagem ou das imagens de Fichte que foram forjadas em mais de duzentos anos de recensões. Os estudos atuais fichteanos se entrelaçam, assim, frequentemente em laços "dialéticos" entre a análise da recensão, a hermenêutica dos testes e a elaboração crítica. Um panorama recente da recensão de Fichte é oferecido pelos quatro volumes de *Fichte-Studien* (n. 35-38), que contêm as contribuições do sexto congresso da Johann Gottlieb Fichte Gesellschaft, ocorrido em Halle de 3 a 7 out. 2006 (STOLZENBERG, Jürgen; RUDOLPH, Olivier Pierre (Ed.). *Wissen, Freiheit, Geschichte. Die Philosophie Fichtes im 19. Und 20. Jahrhundert*. Amsterdã, Nova Iorque: Rodopi,

2010-2013). Neste panorama, apresentei a contribuição "Fichte in Italien" (*Fichte Studien*, 35 (2010), p. 205-225), ao qual me remeto para este aspecto da recensão. Para facilitar a leitura deste quarto capítulo, mencionarei via de regra os diversos escritos evocados apenas com o nome do autor e a data da impressão – os dados completos estão nas Referências.

A recensão da filosofia de Fichte começa com a própria publicação de suas obras principais, mesmo se a circunstância de uma parte fundamental de seu trabalho filosófico não ter sido publicada por muito tempo, como relatarei, condicionou a imagem complexiva que o público filosófico teve da Doutrina da Ciência, não apenas em seu início. A exposição da Doutrina da Ciência pela prestigiosa cátedra de Jena logo chamou a atenção e o interesse da elite intelectual, e repercutiu nas concepções dos pensadores mais significativos da época, como por exemplo Reinhold – que no início de 1797 acolhe, mesmo que apenas por poucos anos, a posição da Doutrina da Ciência – ou então o jovem Schelling – que por um certo tempo figura como seguidor e herdeiro de Fichte –, ou mesmo Novalis, Hölderlin e Friedrich Schlegel – que meditam intensamente sobre os princípios fundamentais de Fichte e constituem as próprias visões, mesmo que em diálogo critico com ele. Reveladora deste clima é uma expressão do filósofo Joseph Franz Molitor (1779-1860), de 1806:

> *A Doutrina da Ciência [...] provocou uma revolução total no sistema conceitual da época, de tal*

> *forma que através dela foi fundado um método
> inteiramente novo no pensamento.*[21]

Todavia, não faltam as críticas e os distanciamentos imediatos. É significativo que algumas de tais críticas tenham recaído sobre a recensão de Fichte mesmo depois da primeira formulação delas, e assim os estudos fichteanos não puderam não as levar em conta, e, nesse caso, tirar delas motivos de confronto. Neste sentido, por exemplo, relembro a declaração de Kant em 1799, segundo a qual a Doutrina da Ciência era "um sistema totalmente insustentável", ou era "nem mais nem menos que mera lógica", da qual não se podia extrair um "objeto real".[22] Ou então relembro, de novo, a acusação de "niilismo" contra a Doutrina da Ciência, levantada por Jacobi na *Carta a Fichte* (1799), em que é formulada também a interpretação da Doutrina da Ciência como "spinozismo ao contrário", afetada pelo mesmo "racionalismo" abstrato que Jacobi via, e criticava, no sistema de Spinoza.

Pareyson (1950/1976) formulou a tese de que, na historiografia filosófica, "existem em Fichte dois lugares-comuns": o primeiro é que Fichte seria uma passagem necessária, mas também *apenas* um momento de passagem de Kant a Hegel; o segundo é que Fichte teria elaborado "duas filosofias

---
21 MOLITOR, J. F. *Über die Philosophie der modernen Welt: eine Epistel an den Herrn Geh. Rath von Sinclair in Homburg.* Frankfurt am Main: Mohr 1806, p. 29.
22 *Kant's gesammelte Schriften.* Akademie-Ausgabe, v. 12, p. 370.

diferentíssimas entre si", uma de caráter subjetivo e crítico, outra de caráter objetivo e especulativo, divididas pela controvérsia sobre o ateísmo. Ora, Pareyson remonta a origem destes dois lugares-comuns — esvaziar este campo é para ele "a primeira tarefa a fazer" para se aproximar de forma produtiva de Fichte — a dois juízos sobre a obra de Fichte formulados exatamente nesta primeira fase da recensão, respectivamente por Hegel e por Schelling.

Hegel considera fundamentalmente a filosofia de Fichte como um idealismo subjetivo e formal. Se em *Diferença entre os sistemas filosóficos de Fichte e Schelling* (1801), Hegel ainda tinha reconhecido — apesar de a criticar em favor de Schelling — que a filosofia de Fichte era "produto genuíno da especulação" porque ligava a identidade do sujeito e do objeto à intuição intelectual; em *Fé e saber* (1802), Hegel decididamente acusa a filosofia de Fichte de ser um pensamento vazio e formal. A ela, faltava o lado objetivo da compreensão da identidade, e aquela de Fichte se apresentava como uma posição essencialmente instável e transitória, que devia ser assumida e realizada em uma compreensão "especulativa" da própria identidade. Esta leitura de Hegel — que nele permanece dominante e que contém *in nuce* também uma autoavaliação sobre a própria posição no desenvolvimento da filosofia — atingiria a historiografia sucessiva. Por exemplo, nos anos 1900, Richard Kroner, em sua obra *De Kant a*

Hegel[23] – já significativa no título e de alta qualidade especulativa –, considera fundamentalmente o pensamento de Fichte, do qual faz uma interpretação bastante rigorosa, como um momento de passagem dentro de um processo que, partindo da crítica da razão kantiana, através da *Naturphilosophie*, dirige-se à filosofia do espírito de Hegel. Daqui resulta, entre outras coisas, uma leitura bastante seletiva da filosofia de Fichte, focalizando e valorizando apenas algumas obras, em particular no primeiro ciclo de Jena.

Quanto ao segundo "lugar-comum" evocado por Pareyson, foi Schelling que, em sua *Exposição da verdadeira relação da filosofia da natureza com a doutrina melhorada de Fichte* (1806), sustenta a ideia de que Fichte, com as publicações "populares" dos anos 1804-1806, teria mudado a própria filosofia, assumindo princípios em contraste com os seus precedentes e adotando um pensamento vizinho àquele do próprio Schelling. Tal juízo incitava a considerar menos significativas as obras de Fichte pertencentes àquela que chamei de fase mediana (e tardia) de seu pensamento, e definitivamente tendia a afastar a atenção do público de sua própria filosofia – uma situação que era agravada pelo fato de que Fichte não tinha publicado as grandes elaborações da Doutrina da Ciência deste período. Na verdade, o próprio Fichte decididamente reagiu a estas críticas com as

---

23 Título original: *Von Kant bis Hegel*. Tübingen: Mohr, 1921-1924, 2 v.; reimpressão em um volume, em 1961.

exposições da Doutrina da Ciência que aparecem exatamente nos anos da controvérsia e depois da ruptura com Schelling (1800-1802) e da entrada em campo de Hegel (1801-1802) – exposições que são, portanto, consideradas também *uma tomada de posição do filósofo sobre sua própria primeira recensão*. É fato, porém, que tal reação não podia incidir sobre a cena filosófica, mas apenas eventualmente sobre os ouvintes dos cursos fichteanos, porque ela permaneceu na forma de aulas que Fichte não deu à imprensa, com exceção da Doutrina da Ciência de 1810 (título do opúsculo: *O princípio da Doutrina da Ciência*).

Sobre o filósofo Fichte recai, no curso do *Século XIX*, um certo esquecimento, e sua doutrina filosófica é considerada "como uma metafísica dogmática entre as outras" (*cf.* LAUTH, 1986, p. 88). O Fichte político e educador, entretanto, recebeu uma certa atenção logo depois de sua morte. O *Piano dedotto* [*Plano inferido*], escrito em 1807 para a fundação da universidade de Berlim, é publicado em 1817 para dar uma base autoral a projetos de reforma da educação, inspirados nas ideias pedagógicas de Fichte (e do suíço Johann Heinrich Pestalozzi), nos quais trabalhavam o filho Immanuel Hermann e um grupo de amigos. Em 1820, veio a *Doutrina do Estado*, da qual já falei. Em 1824, quem impediu a segunda edição na Prússia dos *Discursos à nação alemã* foi a autoridade política: na onda da caça reacionária aos "demagogos", a censura julgou este livro como perigoso. A segunda edição saiu depois em Leipzig, no mesmo ano. É singular o fato de que mais tarde, em um contexto histórico e político modificado, tenha sido feito, destas mesmas ideias fichteanas expressas nos *Discursos*, "um uso abusivo, prevalentemente de um ponto de vista pseudocientífico, por exemplo em um nacionalismo excessivo" (LAUTH, 1986).

Uma data importante na recensão de Fichte no século XIX é representada, em todo caso, pela edição das obras e do legado por parte do filho Immanuel Hermann Fichte (1796-1879). Estes, ele publicou em 1830-1831 a primeira biografia de seu pai: *A vida e o epistolário literário de Johann Gottlieb Fichte*, em dois volumes.[24] Depois da biografia, vieram os três volumes das *Obras póstumas* (*Nachgelassene Werke*), publicados em 1834-1835. Dez anos depois, Immanuel Hermann chegava à publicação dos oito volumes das *Obras completas* (*Sämtliche Werke*, Berlim 1845-1846) – *cf.* os dados completos nas Referências). Por muitos decênios, esta edição em onze volumes representou o texto-base da pesquisa sobre Fichte e isto vale até mesmo hoje, porque a reprodução fotomecânica, economicamente acessível, desta edição por De Gruyter (1962-1965/1971) confere um uso ágil ao estudante. Mesmo que, a partir de 1845, tenham sido notadamente elevados os padrões que se pretendem de uma edição sob o perfil científico, e que faltem, à edição do filho, muitos textos

---

24 *Cf.* FICHTE, I. H. *Johann Gottlieb Fichte's Leben und litterarischer Briefwechsel*, 2 v. Sulzbach: Seidel, 1830-1831 (2. ed. Leipzig, 1862).

que viriam à luz apenas depois, é necessário reconhecer que Immanuel Hermann Fichte teve muitíssimos méritos como editor. Sua edição consentia de fato na formação (parcial) de um conhecimento do Fichte que em seu tempo não havia sido publicado, e permitia compreender que os desenvolvimentos inéditos da Doutrina da Ciência não eram de fato inferiores, mas competiam como potencia especulativa com aqueles já publicados e conhecidos. Immanuel Hermann Fichte – que, por sua vez, foi um significativo filósofo – soube também dar uma interpretação própria e interessante da obra filosófica de seu pai. Introduzindo em 1845 a tradução francesa da *Introdução à vida bem-aventurada*, Immanuel Hermann contesta "antes de qualquer coisa a interpretação difusa da doutrina [do pai], que faz dela um idealismo subjetivo do mesmo tipo daquele de Kant", e sustenta – com uma clara referência à *Segunda exposição* de 1804 (por ele publicada nas *Obras póstumas*) – que "a essência e o problema fundamental da filosofia como ciência [de Fichte] consiste em reconduzir todas as diferenciações que a experiência nos faz descobrir à unidade absoluta e ao seu princípio" (FG VII, p. 315-316). Este comprometimento ao mesmo tempo editorial e interpretativo de Immanuel Hermann não conseguiu, todavia, corrigir juízos e remover preconceitos enraizados, e promover uma aura diversa de estudos a respeito de Fichte – mesmo porque naqueles anos influíam desfavoravelmente a difundida tomada de distância e a rejeição em relação aos sistemas do chamado "Idealismo Alemão", que caracterizava a cena filosófica. Lembro, porém, que os hegelianos napolitanos, em particular Bertrando Spaventa, formularam uma compreensão profunda do "Idealismo Alemão", e também da "filosofia da mente" de Fichte, e que na segunda metade do século XIX foram publicados estudos muito significativos sobre o filósofo. No centenário de seu nascimento, surgiram a biografia de Ludwig Noack (1862) e o estudo de Johann Heinrich Loewe (1862), que é uma reconstrução teórica atenta dos conceitos fundamentais do pensamento fichteano visto em seu desenvolvimento e colocado em perspectiva com Spinoza e Kant; em 1869 saía a grande biografia intelectual de Kuno Fischer, como quinto volume de sua *História da filosofia moderna* em dez volumes: o trabalho é uma reconstrução acurada da vida do filósofo e ilustra as diversas fases e obras de seu percurso filosófico, prestando consideração tanto aos trabalhos teórico--sistemáticos quanto àqueles de tema religioso e político. Fischer não deixou de evidenciar algumas referências interessantes entre as posições de Fichte e as dinâmicas do próprio tempo.[25] É interessante, enfim, que ao fim do século, em 1898, Henri Bergson tenha dedicado um curso na École Normale Superiéure ao "Destino do homem de Fichte", que não é apenas um estudo da obra de 1800 com este

---

25 *Cf.* FISCHER, K. *Geschichte der neuern Philosophie*, v. 5: *Fichte und seine Vorgänger*. Heidelberg: Winter, 1869 (torna-se o sexto volume nas edições sucessivas pela editora de Heidelberg).

título, mas uma penetrante interpretação do princípio fichteano:

> não é possível – afirma por exemplo o filósofo francês – remontar ao eu puro em modo dialético. É necessário antes de tudo se situar nele, colocando nele aquilo que sabemos que se deve encontrar: moralidade, liberdade.[26]

Uma fase diversa da recensão de Fichte se abre com o *Século XX*, nas primeiras décadas, em que aparecem algumas monografias e alguns estudos padrão sobre o filósofo: "O neokantismo, a *Hegel-renaissance*, a escola alemã sul-ocidental [Windelband, Rickert e Lask] ativam esta fase" (LAUTH, 1986, p. 89). A edição de Fritz Medicus, em seis volumes, conduzida sobre as edições originais,[27] atualizava a edição de Immanuel Hermann, já não mais tão facilmente disponível. Medicus foi também um grande intérprete de Fichte, ilustrando com originalidade seu pensamento em treze aulas dadas em Halle, criticando lugares-comuns como o pretenso solipsismo e moralismo fichteano (MEDICUS, 1905), e foi dele um biógrafo excelente (MEDICUS, 1911/1922). Na França, saem três trabalhos de primeira grandeza, que ainda hoje representam instrumentos essenciais da pesquisa sobre Fichte. No início do século, em

---

26 *Cf.* BERGSON, H. *O destino do homem de Fichte*, edição italiana por Felice Ciro Papparo. Milão: Guerini e Associati, 2003, p. 92.
27 FICHTE, J. G. *Werke. Auswahl in sechs Bänden*, por Fritz Medicus, Eckardt-Meiner, Leipzig 1908-1911; 2. ed. aumentada. Leipzig, 1820-1925 (reprodução por Darmstadt: Wissenschaftliche Buchgesellschaft, 1962).

1902, sai *La filosofia di Fichte. I suoi rapporti com la coscienza contemporânea* [*A filosofia de Fichte. Sua relação com a consciência contemporânea*], de Xavier León (LÉON, 1902): Léon quer defender e ilustrar, com riqueza de argumentos, a unidade profunda e a coerência da filosofia de Fichte em um quadro de condivisão dos ideais humanistas, dos "princípios imortais" que animaram sua vida e sua obra. Em primeiro plano, na intepretação de Léon, está a *Exposição da Doutrina da Ciência dos anos 1801-1802*, que constitui para ele a conexão entre a fase de Jena e a fase mediana do pensamento de Fichte. Vinte anos depois, viria a grande reconstrução *Fichte e o seu tempo*, em três volumes (LÉON, 1922-1927). Fichte é lido e exaltado como o filósofo da liberdade e da razão, apoiador dos ideais da Revolução Francesa, aqueles ideais que o próprio Napoleão havia renegado. Mesmo através da utilização de materiais até aquele momento inéditos, Léon percorre toda a vida filosófica e intelectual de Fichte, colocando em evidência a complexidade e as tensões de um pensamento que realmente não se deixava engaiolar em fórmulas de efeito. Em 1930, é publicada a grande tese de Martial Gueroult: *A evolução e a estrutura da Doutrina da Ciência em Fichte*, que é uma reconstrução da filosofia fichteana conduzida com uma abordagem sistematizante e formalizante, e pode ser considerada "o cumprimento da grande estação de estudos fichteanos que foram os primeiros trinta anos" dos anos 1900 (*cf.* CESA, 1994, p. 208). Em particular, Gueroult se concentra em três exposições da Doutrina da Ciência, que considera expressiva das três fases da filosofia de Fichte: o *Fundamneto* de 1794-1795, a *Exposição* de 1801-1802, e a *Segunda exposição* de 1804. Também por causa da lacuna das edições existentes, Gueroult não pôde tomar em consideração a *Nova methodo*, e pouco considera a fase tardia de Fichte. Seu interesse se volta, além de à evolução, às "estruturas" das exposições da Doutrina da Ciência que examina, das quais consegue restituir, com soberano rigor, as formas essenciais.

A retomada dos estudos fichteanos na Alemanha, além dos trabalhos de Medicus, é apreciada por Heinrich Rickert, que em 1899, nas páginas de "Kant-Studien",[28] recordou os cem anos da "controvérsia sobre o ateísmo", com um notável repensamento crítico-teórico das questões ali levantadas. Em particular, Rickert fazia referência à cobertura kantiana das posições de Fichte, apresentando-o como o sustentador de um ponto de vista que buscava manter e cultivar a distinção entre metafísica e religião, e sugerindo – de um modo conforme à sua própria perspectiva filosófica – que o interesse que solicitava a "ler Fichte" podia ser não apenas de tipo estritamente historiográfico. Pouco tempo depois, apareceria a monografia de Emil Lask de 1902, sobre o *Idealismo de Fichte e a história*. Lask era aluno de Rickert e de Windelband. Ele faz distinção entre uma

---

28 *Cf.* RICKERT, H. Fichtes Atheismusstreit und die kantische Philosophie, *in*: *Kant-Studien. Philosophische Zeitschrift* IV, 1900, p. 137-166.

lógica emanacionista, segundo a qual temos identidade entre conceito e realidade, e uma lógica analítica, segundo a qual temos diferença entre conceito e realidade. Fichte passaria de um ponto de vista emanacionista a um analítico, e isto comportaria de sua parte a afirmação da "irracionalidade", ou seja, da não dedutibilidade, do individual, e também de sua validade. No que tange à história, Fichte teria chegado, segundo Lask, a uma compreensão do ser histórico que insiste na irrepetibilidade do evento, do dar-se da vida, mais do que em sua recondutibilidade a leis gerais. É interessante que esta estrutura interpretativa de Lask tenha conhecido várias retomadas na sucessiva literatura fichteana dos anos 1900, partindo das mais diversas premissas. Uma abordagem em parte similar à de Lask pode ser vista no livro de Georg Gurwitsch (1924) sobre a ética de Fichte, considerada como "sistema da ética concreta". Esta última passaria por três fases: a do "moralismo panlogístico" (primado do lógico sobre o prático); a do "moralismo irracionalístico-romântico" (momento da antítese, "fé"); e a da doutrina do "espírito" como "ideia ética", ou do "espiritualismo ético" (posição sintética). Retomando a seu modo o conhecido motivo "antiformalístico" de Max Scheler, Gurwitsch vê na ética concreta de Fichte uma "superação do formalismo ético", em particular com o espiritualismo ético da terceira fase. Entre os estudos alemães nestas primeiras décadas dos anos 1900, desejo retomar novamente as grandes reconstruções da filosofia da religião, de Fichte, elaboradas pelo teólogo evangélico Emanuel Hirsch (1914, 1920, 1926), que polemiza contra uma leitura "hegelianizante" de Fichte oferecida por Richard Kroner e reivindica a peculiaridade da dialética fichteana entre certeza e incognoscibilidade de Deus, que está a base da concepção da liberdade; o livro sobre Fichte de Heinz Heimsoeth (1923), que quer "apresentar um Fichte moderno e atual" (PAREYSON, 1976, p. 63), compreende da Doutrina da Ciência como compreensão sistemática dos fatos da consciência, e consequentemente dedica grande atenção à *Nova methodo*, cujo manuscrito de Halle se havia encontrado; enfim, os dois volumes de Max Wundt: um estudo geral (1927) e um volume de pesquisas sobre Fichte (1929), em que o autor quer colocar em foco o "espírito das diversas exposições da Doutrina da Ciência" e em que ressalta, entre outros, o relacionamento entre a filosofia de Fichte e a tradição da filosofia universitária alemã, um filão de estudos que teria uma interessante valorização na pesquisa sucessiva. Concluo esta parte sobre a recensão de Fichte nas primeiras décadas dos anos 1900 com as conferências sobre o *Ideal da humanidade de Fichte*, por Husserl, em 1917, na Faculdade de Ciências Políticas da Universidade de Friburgo, no âmbito dos cursos para os participantes da guerra, e repetidas no ano seguinte na Faculdade de Filosofia. A retomada husserliana de Fichte é colocada em um quadro de valorização da tradição da grande filosofia alemã clássica como antídoto à cultura positivista, em vista de uma alimentação espiritual do povo alemão em uma situação de crise análoga àquela que Fichte enfrentou com os *Discursos à nação alemã*. Husserl não separa em Fichte o pensador "teórico" do "orador patriota" e "questionador da moral e de Deus".[29] Por um lado, entende-se que Husserl não considerava aqueles que ele define como "os muitos artifícios de pensamento da Doutrina da Ciência" como conformes à sua ideia de filosofia como "ciência rigorosa" (é, porém, objeto de discussão se [e quais] exposições da Doutrina da Ciência Husserl estudou). Por outro lado, porém, Husserl reivindica a unidade do pensamento fundamental de Fichte, reconhece que "todas as suas intuições ético-religiosas têm uma ancoragem

---

29 Este é um aspecto pelo qual a abordagem de Husserl sobre Fichte se diferencia decididamente da imagem de Fichte como "patriota alemão", "expressão do espírito alemão", "filósofo alemão" difundida naqueles anos de guerra na Alemanha, mesmo e sobretudo em publicações e intervenções políticas. Este "consumo político" de Fichte, que entretanto conheceu diversas versões e acentuações, era fundamentalmente separado de uma compreensão *total* de sua filosofia, e também – poderia-se adicionar – de sua própria filosofia política. Aqui se encontra algumas premissas daquela instrumentalização de Fichte em vista de um nacionalismo ambíguo e agressivo que posteriormente seria difundido nas dramáticas décadas sucessivas. No que tange à recensão da filosofia política de Fichte, recomendo a detalhada informação essencial oferecida por Claudio Cesa (1994, 216ss). Limito-me a citar, dado que aparece exatamente no início do século, o escrito de Marianne Weber (1900) sobre o "socialismo" de Fichte, que considera Babeuf como um "precursor" de Fichte, e o ficheano como um "socialismo ético". Outros estudos levarão em consideração o Fichte pensador do Estado nacional, outros ainda o Fichte pensador "democrático", e outros, finalmente, seguirão os entrelaçamentos e as evoluções destas características em seu pensamento.

teórica",[30] e desta ancoragem teórica ele oferece uma reconstrução e interpretação densas, que testemunha seja um interesse científico, seja a percepção de uma afinidade especulativa. Inicialmente, Husserl coloca em foco a constitutiva orientação teleológica do eu agente em Fichte, depois desenvolve o tema – que considera "platônico" – do ordenamento moral do mundo como ideia normativa, para desembocar na concepção (considerada "neoplatônica") da autorrevelação de Deus própria da doutrina fichteana tardia. A teoria da quintuplicidade dos pontos de vista, que são vistos como "níveis de humanidade", delineia as etapas do retorno (*reversio*) a Deus.[31]

---

30 Fichtes Menschheitsideal. *In:* HUSSERL, E. *Aufsätze und Vorträge 1911-21*. NENON, T.; SEPP, H. R. (Ed.). Dordrecht: Kluwer, 1987, p. 270 (Husserliana XXV); *cf.* tradução italiana: ROCCI, Francesca (Ed.). *Fichte e l'ideale di umanità. Tre lezioni*. Pisa: Edizioni ETS, 2006, p. 51.

31 Mesmo que publicadas no fim dos anos 1900, são um momento significativo da recensão de Fichte na primeira metade do século XX também as aulas que lhes dedica Heidegger no curso do primeiro semestre de 1929, em Friburgo, com o título: *Der deutsche Idealismus (Fichte, Hegel, Schelling) und die philosophische Problemlage der Gegenwart*, publicadas em 1997, na edição completa de Heidegger (*cf.* STRUBE, Claudius; KLOSTERMANN, Vittorio (Ed.). *Gesamtausgabe*, II seção, v. 28. Frankfurt am Main: Vittorio Klostermann Verlag). Heidegger lê Fichte em paralelo com sua interpretação de Kant – o livro *Kant e o problema da metafísica* sai em 1929 – e sobre a cena da ontologia fundamental de *Ser e tempo* (1927). Leva em consideração o *Fundamento de toda a Doutrina da Ciência*, em particular a primeira parte (teórica), e a teoria dos três princípios (*Grundsätze*), tornando-a objeto de uma detalhada hermenêutica. Dedica particular atenção à noção do "pôr" (*setzen*) e ao terceiro princípio, o que se reflete na compreensão do primeiro e do segundo princípios. Heidegger quer colocar como tema o relevo "ontológico" dos conceitos fechados em uma visão específica do "sujeito". O confronto de Heidegger com o *Fundamento* pode, por isso, ser considerado também como um confronto de "metafísicas"fundamentais, e assim é definitiva-

Depois da Segunda Guerra Mundial, inicia uma *nova fase* da recensão de Fichte. A primeira edição do ensaio de Pareyson (1950) pode ser vista como sinal da nova estação. Pareyson critica profundamente os dois "lugares-comuns" historiográficos evocados antes. Pontua que a crise do hegelianismo e o novo clima aberto pela filosofia da existência ofereciam o ambiente apto para uma retomada de Fichte que valorizasse seu potencial especulativo original: isto porque Fichte, longe de ser "superado" por Hegel, foi crítico deste *ante litteram*, por ter previsto e criticado antecipadamente o êxito "onto-teológico" da especulação hegeliana. Pareyson sustenta que a filosofia de Fichte é uma filosofia elaborada "do ponto de vista do finito", que ela defende um conceito não apenas moral mas também ontológico da liberdade, e chega sim a uma afirmação do absoluto, mas sempre sustentando-a do ponto de vista do finito, o que a diferencia seja de Hegel, seja do pensamento "existencialista". Daí a "modernidade" de Fichte. O evento que assinalaria decididamente a pesquisa contemporânea sobre Fichte foi depois a publicação da edição completa de suas obras, dos escritos póstumos, do epistolário e das aulas de Fichte pela Academia das Ciências de Mônaco, publicação iniciada em 1962 com o primeiro volume e concluída em 2012 com o quadragésimo segundo volume. Iniciador e animador

---

mente desenvolvido pelo autor. A publicação recente das aulas faz com que apenas nos últimos anos estas tenham começado a agir nos estudos fichteanos.

deste empreendimento editorial – que foi tomado como modelo por iniciativas análogas – foi Reinhard Lauth (1919-2007), que nos anos 1950 associou ao empreendimento Hans Jacob (1898-1969), o qual já havia publicado um volume póstumo de escritos de Fichte (entre os quais, a *Nova methodo* de Halle). Contituiu-se a partir de então um grupo de pesquisadores para os quais o pensamento de Fichte não era apenas um objeto de estudo filológico em vista da edição completa, mas também um ponto de referência, o interlocutor de um denso colóquio teórico. Este entrelaçamento de filosofia e filologia produziu a força e a qualidade do empreendimento,[32] que colocou à disposição do público uma extraordinária quantidade de materiais (aulas, cartas, obras póstumas), vindos à luz em anos de pesquisa de arquivos e publicados em uma forma editorial filologicamente confiável. A edição completa de Fichte e a atividade do grupo de Mônaco em torno de Lauth não apenas colocaram à disposição o material científico de base, ou seja, os testes, mas funcionaram como alavanca para um forte desenvolvimento dos estudos fichteanos na Europa ocidental e oriental, nos Estados Unidos, no Canadá, no Japão, na China e agora também na América Latina. Em 1987, foi fundada a Internationale Johann Gottlieb Fichte Gesellschaft, que promove a revista *Fichte-Studien. Beiträge zur Geschichte und*

---

32 Sobre a história da edição completa, veja o estudo de Erich Fuchs, Cinquanta anni dell'Edizione completa di Johann Gottlieb Fichte, *in: Dianoia* 15, (2008) p. 193-215.

Systematik der Tranzendentalphilosophie (início: 1990), e organiza congressos e seminários que congregam periodicamente os estudiosos de Fichte, e favorecem a troca e elaboração de projetos de pesquisa. Sociedades fichteanas são ativas também na América do Norte e no Japão, e "redes fichteanas" existem em diversos países ou áreas linguísticas.

Aqui, é-me impossível dar conta de maneira pelo menos satisfatória de todas as linhas desta fase contemporânea da recensão de Fichte, que, em relação à intensidade e à quantidade de estudos, supera as anteriores. Limito-me, portanto, a alguns exemplos. Lauth não foi apenas o editor de Fichte, mas elaborou dele uma leitura que o compreende, e o valoriza, como "filósofo transcendental". A ideia de filosofia trabalhada por Fichte é aquela de um pensamento que sempre deve mostrar *como*, em virtude de quais atos e conhecimentos originais, pode-se saber aquilo que se sabe ou se afirma saber. É uma tese característica de Lauth (*cf.* as obras nas Referências) a de que este tipo de filosofia transcendental foi inaugurado *ante nomen* pelo *cogito* de Descartes, e sucessivamente foi desenvolvido por Kant com a doutrina da apercepção transcendental e a concepção da razão prática, e depois por Fichte com a construção do sistema da liberdade. Este último não é realmente uma sistemática abstrata, formal e fechada, mas essencialmente um "sistema aberto" — em particular, aberto sobre o concreto e, em sua factualidade, indedutível ato da liberdade. A liberdade é, portanto, compreendida por Fichte seja como princípio da realidade essente, seja como fato indedutível, isto é, como evento concretamente-concreto e formativo de história.

Uma outra leitura de Fichte, que teve forte influência sobre os estudos, foi a de Dieter Henrich (1966), que compreende o motivo central da Doutrina da Ciência como "uma contribuição à teoria da autoconsciência", em um sentido crítico e em um sentido construtivo. Crítico porque Fichte supera, segundo Heinrich, o "modelo reflexivo" da autoconsciência pelo qual o eu que é consciente de si, por saber-se, deveria pressupor como conhecido o que deve ser sabido, caindo em uma circularidade. Construtivo porque Heinrich mostra que Fichte desenvolve a própria teoria da autoconsciência segundo três passos de "análise progressiva do conceito do eu": em 1794 compreende o eu como absolutamente poente, em 1797-1798 o compreende como absolutamente poente *enquanto poente*, e em 1801 o compreende, enfim, como uma "atividade na qual é inserido um olho". Temos nesta última compreensão a intuição do eu como uma atividade ("espiritual") determinada *desde o começo* da capacidade de perceber-se, que constitui o centro genético da autoconsciência.

Uma terceira leitura de Fichte na área alemã – que é naturalmente bem rica de estudos profundos – é a proposta por Wolfgang Janke (1993), que foca na "fenomenologia" de Fichte, e compreende dela o pensamento como uma fenomenologia da "imagem do absoluto", da qual reivindica a peculiaridade e a irredutibilidade em relação às duas outras grandes "formas de cumprimento" do Idealismo Alemão, ou seja, a onto-lógica "dialética" de Hegel e a filosofia tardia de Schelling. Aquela de Fichte é "a única base da verdade, do ser e da vida que está dentro da reflexibilidade (*Besinnung*) transcendental" (JANKE, 2009, p. 288). A valorização da fenomenologia genética fichteana e da doutrina tardia da imagem são aspectos aos quais, nestes últimos anos, volta-se a atenção de muitos estudiosos, alimentada pela publicação, na edição completa, da totalidade das aulas berlinenses tardias. Não deve ser esquecida, porém, a função antecipatória exercitada neste campo pelo livro de Julius Drechsler (1955).

Marek J. Siemek, um filósofo polonês formado, para os estudos fichteanos, pela escola de Lauth, e também estudioso de Hegel, Marx e Lukács, propõe a leitura da Doutrina da Ciência como "epistemologia". A filosofia transcendental de Kant e de Fichte não é compreendida como uma "teoria cognitiva", mas como uma "epistemologia": o seu problema não é o de estabelecer como funcionam as nossas faculdades cognitivas, mas sim o de oferecer uma teoria dos atos constituintes do nosso saber ou consciência. Trata-se de uma "nova" ontologia, uma ontologia autocrítica do saber ou da consciência. Para Siemek (1994), a leitura fichteana de Kant se diferencia daquela dos "kantianos" da época exatamente porque toma este perfil epistemológico (no sentido claro de: "ontologia do saber") da crítica da razão e o desenvolve de maneira original, conduzindo a seu modo o tema do "primado da razão prática".

Mesmo que os desenvolvimentos da edição completa tenham chamado a atenção dos pesquisadores sobre o Fichte completo, e em particular sobre o chamado Fichte tardio,[33] do qual antes se conheciam menos escritos, o *Fundamento de toda a Doutrina da Ciência* – a obra fundamental do primeiro ciclo de Jena – nunca deixou de estar no centro do interesse dos estudiosos. Também aqui é impossível dar conta dos muitos estudos dedicados a esta obra. Recordo apenas, também pelo debate que soube levantar, a tese de Alexis Philonenko, publicada com o título *La libertà umana nella filosofia di Fichte* (1966). O *Fundamento* é compreendido por ele como uma crítica desconstrutora da "ilusão transcendental" de uma egoidade monádica e absolutizada, uma crítica que continua até fundar a "verdade da consciência comum", ou seja, a resolver a questão da "existência do outro". Daqui o paralelo entre a lógica da aparência kantiana e a crítica fichteana da ilusão transcendental que percorre, segundo Philonenko, o *Fundamento* até a "descoberta" do *fato* da imaginação, que institui a consciência comum na sua verdade própria.

---

[33] A esta fase do pensamento de Fichte foi dedicado em particular o V Congresso da International Johann-Gottlieb-Fichte--Gesellschaft (Mônaco, 14-21 out. 2003), com o título: *Johann Gottlieb Fichte. Das Spätwerk (1810-1814) und das Lebenswerk*, cujos atos estão nos *Fichte-Studien* 28 (2006), 29 (2006), 30 (2006), 31 (2007) e 33 (2009), por Günter Zöller e Hans Georg von Manz.

A tese de Philonenko seria criticada por Xavier Tilliette, que reivindica o significado constituinte e não ilusivo da intuição intelectual como ponto de partida da filosofia. Tilliette, que também é um notável estudioso de Schelling, compreende a filosofia de Fichte — com uma expressão emprestada de Jules Lequier — como uma "ciência da liberdade", que cumpre aquela "revolução" transcendental iniciada por Kant, mas abandonada por Schelling e por Hegel. O transcendental corretamente compreendido significa o primado do *Sollen*, que abre a porta à ação histórica e a uma ética de expansão e de enriquecimento da vida no mundo e através de suas instituições. Tilliette clama, com seus estudos sobre Fichte, Schelling e a filosofia clássica alemã, por uma necessidade de uma leitura "contextual" destes grandes pensadores.

É a linha de estudo para a qual chama a atenção Claudio Cesa em seus significativos estudos fichteanos (*cf.* CESA, 1992; 1994). Trata-se de estudar os textos, os conceitos, as formas linguísticas em seus contextos, que não são apenas contextos sistemáticos, mas também históricos: a época histórica, filosófica, religiosa, política em que têm origem, a tradição ou as tradições das quais brotam, os interlocutores reais e ideais com que discutem ou polemizam. A recensão de Fichte hoje é bem caracterizada também por esta abordagem; uma notável expressão dela aconteceu no VII Congresso da Internationale Johann-Gottlieb--Fichte-Gesellschaft, em Bolonha, em setembro de 2012, com o tema "Fichte e seu tempo".

Na supracitada tese de Philonenko, o tema da "existência do outro" tem um papel significativo. O motivo do "interpessoal", ou segundo outros do "intersubjetivo", é um interesse que caracteriza a recensão de Fichte, em particular após Lauth ter trazido à luz o papel constituinte da "interpessoalidade" no pensamento fichteano, em um importante ensaio publicado nos *Archives de philosophie*, em 1962.[34] O tema da intersubjetividade e da comunidade está no centro da interpretação de Masullo. Seu livro *La comunità come fondamento* (1965) foi reelaborado na parte dedicada a Fichte e publicado em 1986 como: *Fichte, l'intersoggettività e l'originario*. Segundo Masullo, Fichte se opõe à ameaça do "solipsismo", que ainda se esconderia no criticismo. Ora, a questão do solipsismo não tange tanto à gnoseologia – ou à relação sujeito-objeto – mas à ontologia, a relação sujeito-sujeito, a exterioridade de uma "internidade", que é outra em relação à minha. Então a fundação crítica da comunidade intersubjetiva se torna tarefa fundamental da filosofia. O grande passo de Fichte é que na Doutrina da Ciência a intersubjetividade se torna "estrutura interna da razão". A comunidade se torna "compreensão do originário". A ação originariamente constituinte mediante a qual o sujeito vem a si mesmo deve ser designada como intersubjetividade, como a interação comunicativa na comunidade. A exortação (*Aufforderung*) se evidencia, portanto,

---

34 Le problem de l'interpersonalité chez Fichte, *in: Archives de Philosophie* 35 (1962), p. 325-334 (agora *in*: LAUTH, 1992, p. 180-195).

como o "símbolo da condição originária de possibilidade do humano", o destino do indivíduo se decide "em seu encontro com o outro" (MASULLO, 1986, p. 111), no seu ser-chamado por um outro indivíduo.

A partir deste esboço de recensão – que documenta, como já ressaltei algumas vezes, uma parte extremamente reduzida dela –, espero que se colha a variedade de abordagens e a multiformidade de hermenêuticas que caracteriza e torna vital a pesquisa contemporânea sobre Fichte. A esta não faltam pontos de referência associados – por exemplo, a base filológica oferecida pela edição completa – que representa um tesouro de possibilidade inexaurível, o interesse que se refere à dimensão transcendental da filosofia de Fichte, a qual é tema que exige o pensamento e também o confronto, e a atenção levada àquilo que – com o título de um livro recente (OESTERREICH; TRAUB, 2006) – poderia chamar-se de *o Fichte completo*: ou seja, o seu completo programa filosófico que parte da vida, da consciência de uma responsabilidade intelectual, constitui-se numa reflexão filosófico-científica (Doutrina da Ciência) e retorna à vida como filosofia aplicada e como vida moral. O Fichte completo em seu (e em nosso) tempo: assim poderiam soar o motivo condutor e a responsabilidade da pesquisa atual sobre Fichte. E isto exige que conduzamos reflexões filosóficas e legitimadas de forma crítica, ponderando-as junto a pessoas de todo o mundo, as quais, neste dar e receber, reflitam por sua vez de forma viva e responsável.

Referências

Da amplíssima bibliografia sobre Fichte, apresento aqui uma seleção, que coloque à disposição do leitor as fontes e os instrumentos essenciais, e lhe ofereça indicações indispensáveis sobre as edições italianas e sobre a literatura secundária. Desta última em particular apresento uma escolha de títulos bastante limitada: reproduzo aqueles que se encontram já citados no texto, ou que são tratados no capítulo sobre a recensão, oferecendo destes todos os dados bibliográficos, ou enfim assinalo estudos em volume que permitam uma primeira orientação. Privilegiei, porém, estudos de caráter mais geral.

Fontes

FICHTE, I. H. (Ed.). *Johann Gottlieb Fichtes sämmtliche Werke*. Berlim:Veit, 1845-1846, 8 v.

_____. *Johann Gottlieb Fichtes nachgelassene Werke*. Bonn: Marcus, 1834-1835 (reimpressão fotomecânica: *Fichtes Werke*, 11 v. Berlim: De Gruyter, 1871), 3 v.

FUCHS, Erich (Ed.). *J. G. Fichte im Gespräch. Berichte der Zeitgenossen*, 7 v. Stuttgart-Bad Cannstatt: Frommann-Holzboog, 1978-2012. Coleta, recordações e opiniões sobre Fichte, de personalidades contemporâneas e a ele. Sexto volume em dois tomos.

FUCHS, Erich; JACOBS, Wilhelm G.; SCHIECHE, Walter. *J.G. Fichte in zeitgenössischen Rezensionen*, 4 v., Stuttgart-Bad Cannstatt: Frommann-Holzboog, 1995.

LAUTH, R.; JACOB, H.; GLIWITZKY, H.; FUCHS, E.; SCHNEIDER, P. K. (Ed.). *Johann Gottlieb Fichte. Gesamtausgabe der Bayerischen Akademie der Wissenschaften*. Stuttgart-Bad Cannstatt: Frommann--Holzboog, 1962ss (série 1: *Werke*, II: *Nachgelassene Schriften*, III: *Briefe*, IV: *Kollegnachschriften*).

Edições italianas[35]

ALFIERI V. E. (Ed.). "Rivendicazione dela libertà di pensiero dai principi dell'Europa che l'hanno calpestata". *In:* FICHTE, J. G. *Sulla rivoluzione francese. Sulla libertà di pensiero*. Roma, Bari: Laterza, 1974, p. 1-39. 2 ed.

_____. "Contributi per rettificare i giudizi del pubblico sulla Rivoluzione francese". *In*: FICHTE, J. G. *Sulla rivoluzione francese. Sulla libertà di pensiero*, *cit.*, p. 41-305.

BERTINETTO, A. (Ed.). *Logica trascendentale I. L'essenza dell'empiria*. Milão: Guerini e Associati, 2000.

_____. *Logica trascendentale II. Sul rapporto della logica con la filosofia*. Milão: Guerini e Associati, 2004.

BOFFI, G.; BUZZI, F. (Ed.). *Introduzione ala vita beata*. Cinisello Balsamo: San Paolo, 2004.

---

35 Às quais me referi no texto, e outras.

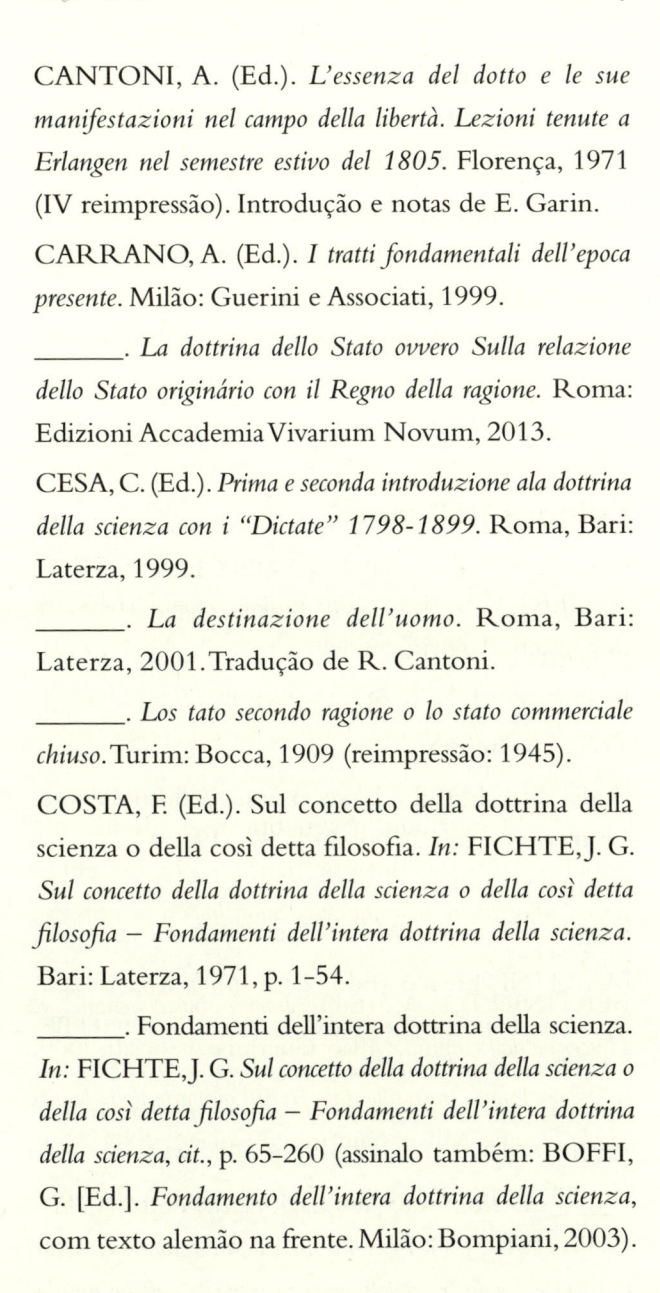

CANTONI, A. (Ed.). *L'essenza del dotto e le sue manifestazioni nel campo della libertà. Lezioni tenute a Erlangen nel semestre estivo del 1805*. Florença, 1971 (IV reimpressão). Introdução e notas de E. Garin.

CARRANO, A. (Ed.). *I tratti fondamentali dell'epoca presente*. Milão: Guerini e Associati, 1999.

_____. *La dottrina dello Stato ovvero Sulla relazione dello Stato originário con il Regno della ragione*. Roma: Edizioni Accademia Vivarium Novum, 2013.

CESA, C. (Ed.). *Prima e seconda introduzione ala dottrina della scienza con i "Dictate" 1798-1899*. Roma, Bari: Laterza, 1999.

_____. *La destinazione dell'uomo*. Roma, Bari: Laterza, 2001. Tradução de R. Cantoni.

_____. *Los tato secondo ragione o lo stato commerciale chiuso*. Turim: Bocca, 1909 (reimpressão: 1945).

COSTA, F. (Ed.). Sul concetto della dottrina della scienza o della così detta filosofia. *In:* FICHTE, J. G. *Sul concetto della dottrina della scienza o della così detta filosofia – Fondamenti dell'intera dottrina della scienza*. Bari: Laterza, 1971, p. 1-54.

_____. Fondamenti dell'intera dottrina della scienza. *In:* FICHTE, J. G. *Sul concetto della dottrina della scienza o della così detta filosofia – Fondamenti dell'intera dottrina della scienza*, cit., p. 65-260 (assinalo também: BOFFI, G. [Ed.]. *Fondamento dell'intera dottrina della scienza*, com texto alemão na frente. Milão: Bompiani, 2003).

DE PASCALE, C. (Ed.). *Il sistema di etica secondo i principi della dottrina della scienza*. Roma, Bari: Laterza, 1994. Tradução italiana de R. Cantoni.

DI TOMMASO, G. V. (Ed.). Saggio di una nuova esposizione della Dottrina della scienza. *In*: _____. *Dottrina della scienza e genesi della filosofia della storia nel primo Fichte*. Áquila: Japadre, 1986, p. 156-166.

FONNESU, L. (Ed.). *Fondamento del diritto naturale secondo i principi della dottrina della scienza*. Roma, Bari: Laterza, 1994.

FRIGO, G. F. (Ed.). Machiavelli scrittore e passi dai suoi scritti. *In*: FICHTE, J. G.;VON CLAUSEWITZ, C. *Sul Principe di Machiavelli*. Ferrara: Gallio, 1990.

FUSARO, D. (Ed.). *Missione del dotto*. Milão: Bompiani, 2013. Posfácio de M. Ivaldo, com texto alemão na frente.

GARULLI, E. (Ed.). La recensione dell'Enesidemo. *In: Il pensiero*, n.s. 23 (1982), p. 97-119.

IVALDO, M. (Ed.). *Lezioni di Zurigo. Sul concetto dela dottrina della scienza*. Milão: Guerini e Associati, 1997.

MARTINI, Enrico (Ed.). *La dottrina della scienza, esposta nel suo profilo generale (1810)*. *In*: FICHTE, J. G. *Lezioni sulla destinazione del dotto (1811) – La dottrina della scienza, esposta nel suo profilo generale (1810)*. Milão: Mimesis, 2011, p. 129-141.

_____. Lezioni sulla destinazione del dotto (1811). *In*: FICTHE, J. G. *Lezione sulla destinazione del dotto (1811) – La dottrina della scienza, esposta nel suo profilo generale (1810)*, cit., p. 75-121. D'ALFONSO, M. V.

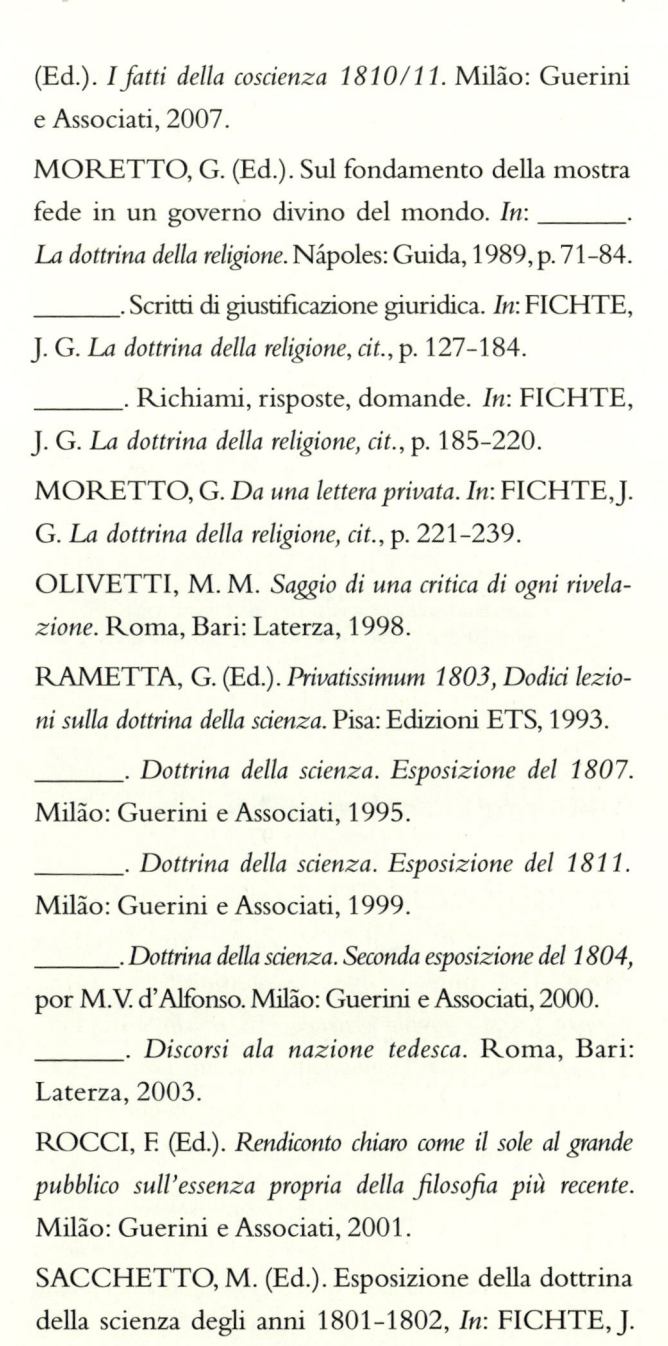

(Ed.). *I fatti della coscienza 1810/11.* Milão: Guerini e Associati, 2007.

MORETTO, G. (Ed.). Sul fondamento della mostra fede in un governo divino del mondo. *In*: _____. *La dottrina della religione.* Nápoles: Guida, 1989, p. 71-84.

_____. Scritti di giustificazione giuridica. *In*: FICHTE, J. G. *La dottrina della religione, cit.,* p. 127-184.

_____. Richiami, risposte, domande. *In*: FICHTE, J. G. *La dottrina della religione, cit.,* p. 185-220.

MORETTO, G. *Da una lettera privata. In*: FICHTE, J. G. *La dottrina della religione, cit.,* p. 221-239.

OLIVETTI, M. M. *Saggio di una critica di ogni rivelazione.* Roma, Bari: Laterza, 1998.

RAMETTA, G. (Ed.). *Privatissimum 1803, Dodici lezioni sulla dottrina della scienza.* Pisa: Edizioni ETS, 1993.

_____. *Dottrina della scienza. Esposizione del 1807.* Milão: Guerini e Associati, 1995.

_____. *Dottrina della scienza. Esposizione del 1811.* Milão: Guerini e Associati, 1999.

_____. *Dottrina della scienza. Seconda esposizione del 1804,* por M.V. d'Alfonso. Milão: Guerini e Associati, 2000.

_____. *Discorsi ala nazione tedesca.* Roma, Bari: Laterza, 2003.

ROCCI, F. (Ed.). *Rendiconto chiaro come il sole al grande pubblico sull'essenza propria della filosofia più recente.* Milão: Guerini e Associati, 2001.

SACCHETTO, M. (Ed.). Esposizione della dottrina della scienza degli anni 1801-1802, *In*: FICHTE, J.

G. *Scritti sulla dottrina della scienza 1794-1804*. Turim: UTET, 1999, p. 571-766.

TATASCIORE, C., (Ed.). *Scritti sul linguaggio (1795-1797)*. Milão: Guerini e Associati, 1998.

UGAZIO, U. M. (Ed.). *Sullo spirito e la lettera*. Turim: Rosenberg & Sellier, 1982.

Assinalo enfim a edição de M. Sacchetto: FICHTE, J. G. *Scritti sulla dottrina della scienza 1794-1804*. Turim: UTET, 1999, que contém: *Sul concetto della dottrina della scienza; Fondamento dell'intera dotrina della scienza; Saggio di una nuova esposizione della dottrina della scienza; La facoltà linguistica e l'origine del linguaggio; Rapporto chiaro come il sole; Esposizione della dottrina della scienza degli anni 1801-1802; Dottrina della scienza 2ª esposizione dell'anno 1804*.

Bibliografias sobre Fichte:

BAUMGARTNER, Hans-Michael; JACOBS, Wilhelm G. *J. G. Fichte-Bibliographie*. Stuttgart-Bad Cannstatt: Frommann-Holzboog, 1968.

DOYÉ, Sabine. *J. G. Fichte-Bibliographie (1968-1992/3)*. Amsterdã, Nova Iorque: Rodopi, 1993.

Literatura secundária[36]

ASMUTH, Christoph (Ed.). *Sein-Reflexion-Freiheit. Aspekte der Philosophie Johann Gottlieb Fichtes.* Amsterdã, Filadélfia: Grüner, 1997.

_____. *Das Begreifen des Unbegreiflichen. Philosophie und Religion bei J. G. Fichte 1800-1806.* Stuttgart-Bad Cannstatt: Frommann-Holzboog, 1999.

BACIN, Stefano. *Fichte a Schulpforta (1774-1780). Contesto e material.* Milão: Guerini e Associati, 2003.

BAUMANNS, Peter. *J. G. Fichte. Eine kritische Gesamtdarstellung seiner Philosophie.* Friburgo: K. Alber, 1990.

BERTINETTO, Alessandro. *La forza dell'imagine. Argomentazione trascendentale e ricorsività nella filosofia di J. G. Fichte.* Milão: Mimesis, 2010.

BRACHTENDORF, Johannes. *Fichtes Lehre vom Sein. Eine kritische Darstellung der Wissenschaftslehren von 1794, 1798/99 und 1812.* Paderborn: Ferdinand Schöning, 1995.

BREAZALE, Daniel. *Thinking through the Wissenschaftslehre. Themes from Fichte's early philosophy.* Oxford: Oxford University Press, 2013.

CESA, Claudio. *J. G. Fichte e l'idealismo trascendentale.* Bolonha: il Mulino, 1992.

_____. *Introduzione a Fichte.* Roma, Bari: Laterza, 1994.

DE PASCALE, Carla. *Etica e diritto. La filosofia pratica di Fichte e le sua ascendenze kantiane.* Bolonha: il Mulino, 1995.

---

36 *Cf.* nota 1.

DE PASCALE, Carla. *Vivere in società, agire nella storia. Libertà, diritto, storia in Fichte*. Milão: Guerini e Associati, 2001.

DRESCHSLER, Julius. *Fichtes Lehre vom Bild*. Stuttgart: Kohlhammer, 1955.

DUSO, Giuseppe. *Contraddizione e dialettica nella formazione del pensiero fichtiano*. Urbino: Argalia, 1974.

FABBIANELLI, Faustino. *Impulsi e libertà. "Psicologia" e "trascendentale" nella filosofia pratica di J.G. Fichte*, Gênova: Pantograf, 1998.

FONNESU, Luca. *Antropologia e idealismo. La destinazione dell'uomo nell'etica di Fichte*. Roma, Bari: Laterza, 1993.

FUCHS, Erich; IVALDO, Marco; MORETTO, Giovanni. *Der transzendentalphilosophische Zugang zur Wirklichkeit. Beiträge aus der aktuellen Fichte-Forschung*. Stuttgart-Bad Cannstatt: Frommann-Holzboog, 2001.

FUCHS, Erich; RADRIZZANI, Ives (Ed.). *Der Grundansatz der ersten Wissenschaftslehre Fichtes*. Munique-Neuried: Ars Una, 1996.

FURLANI, Simone. *L'ultimo Fichte. Il sistema della "Dottrina della scienza" negli anni 1810-1814*. Milão: Guerini e Associati, 2004.

GODDARD, Jean-Christoph. *Fichte (1801-1813). L'émancipation philosophique*, PUF, Paris 2003.

GODDARD, Jean-Christoph; MAESSCHALCK, Marc (Ed.). *Fichte. La philosophie de la maturité (1804-1814). Réflexivité, phénoménologie et philosophie*, Vrin, Paris 2003.

GUEROULT, Marital (Ed.). *L'évolution et la structure de la doctrine de la science chez Fichte*, 2 v. Les Belles Paris: Lettres, 1930; Hildesheim: Olms, 1982. Reimpressão em um volume.

GURWITSCH, Georg. *Fichtes system der konkreten ethik*. Tübingen: Mohr, 1924; Hildesheim, Nova Iorque, Zurique: Olms, 1984.

HAMMACHER, Klaus (Ed.). *Der tranzendentale Gedanke. Die gegenwärtige Darstellung der Philosophie Fichtes*. Hamburgo: Meiner, 1981.

_____. *Erneuerung der Transzendentalphilosophie im Anschluβ an Kant und Fichte*. Stuttgart-Bad Cannstatt: Frommann-Holzboog, 1979.

HEIMSOETH, Heinz. *Fichte*, Munique:Verlag Ernst Reinhardt, 1923.

HEINRICH, Dieter. *Fichtes ursprüngliche Einsicht*, in *Subjektivität und Metaphysik*. Frankfurt am Main 1966, p. 188-232. Fettschrift für W. Cramer. Edição autônoma em Frankfurt am Main: Klostermann, 1967.

HIRSCH, Emanuel. *Fichtes Religionsphilosophie im Rahmen der philosophischen Gesamtentwicklung Fichtes*. Göttingen:Vandenhoeck und Ruprecht, 1914.

_____. *Christentum und Geschichte in Fichtes philosophie*. Tübingen: Mohr, 1920.

_____. Fichtes Gotteslehre 1894-1802. In: _____. *Die idealistische Philosophie und das Christentum. Gesammelte Aufsätze*. Bertelsmann: Gütersloh, 1926.

IVALDO, Marco. *I principi del sapere. La visione transcedentale di Fichte*, Nápoles: Bibliopolis, 1987.

_____. *Libertà e ragione. L'etica di Fichte*. Milão: Mursia, 1992.

JACOBS, Wilhelm G. *Fichte. Eine Biographie*. Berlim: Insel Verlag, 2012.

JANKE, Wolfgang. *Fichte. Sein und Reflexion – Grundlagen der kritischen Vernunft*. Belim: De Gruyter, 1970.

_____. *Vom Bilde des Absolutem. Grundzüge der Phänomenologie Fichtes*. Berlim; Nova Iorque: De Gruyter, 1993.

_____. *Die drefache Vollendung des deutschen Idealismus. Schelling, Hegel und Fichtes ungeschriebene Lehre*. Amsterdã, Nova Iorque: Rodopi, 2009.

KÜHN, Manfred. *Johann Gottlieb Fichte. Ein deutscher Philosoph*. Munique: Beck, 2012.

LASK, Emil. *Fichtes Idealismus und die Geschichte*. Tübingen: Möhr, 1914.

LAUTH, Reinhard. *La filosofia trascendentale di J. G. Fichte*. Nápoles: Guida 1986. Prefácio de Luigi Pareyson, editado por C. Cesa.

_____. *Transzendentale Entwicklungslinien von Descartes bis zu Marx und Dostojewski*. Hamburgo: Meiner, 1989.

_____. *Vernünftige Durchdringung der Wirklichkeit. Fichte un sein Umkreis*. Munique: Ars una, 1994.

LAUTH, Reinhard. *Il pensiero trascendentale della libertà. Interpretazioni di Fichte*, Milão: Guerini e Associati, 1996. Editado por M. Ivaldo.

LÉON, Xavier. *La philosophie de Fichte. Ses rapports avec la conscience contemporaine*. Paris: Alcan, 1902.

_____. *Fichte et son temps*. Paris: Colin, 1922-1927 (reimpressão: 1954-1959), 3 v.

LA VOPA, Anthony J. *Fichte. The self and the calling of philosophy, 1792-1799*. Cambridge: Cambridge University Press, 2001.

LOEWE, Johann Heirich. *Die Philosophie Fichtes nach dem Gesamtergebnisse ihrer Entwicklung und in ihrem Verhältnisse zu Kant und Spinoza*. Stuttgart: Nitzschke, 1862; Hildensheim; Nova Iorque Olms, 1976.

LÓPEZ-DOMÍNGUEZ, Virginia. *Fichte. Acción y libertad*. Madri: Ediciones Pedagógicas, 1995.

MARCUZZI, Marc (Ed.). *Fichte. La philosophie pratique*. Aix-en-Provence: PUP, 2008.

MASULLO, Aldo. *Fichte. L'intersoggettività e l'originario*. Nápoles: Guida, 1986.

MASULLO, Aldo; IVALDO, Marco (Ed.). *Filosofia trascendentale e destinaziona ética. Indagini su Fichte*, Milão: Guerini e Associati, 1995.

MEDICUS, Fritz. *J. G. Fichte. Dreizehn Vorlesungen gehalten an der Universität Halle*. Berlim: Reuter & Reichard, 1905.

_____. *Fichtes Leben* (1911). Leipzig: Meiner, 1922.

MUES, Albert (Ed.). *Transzendentalphilosophie als System: die Auseinandersetzung zwischen 1794 und 1806*. Hamburgo: Meiner, 1989.

NOACK, Ludwig. *J. G. Fichte nach seinem Leben, Lehren und Wirken.* Leipzig: Wigand, 1862.

OESTERREICH, Peter L.; TRAUB, Hartmut. *Der ganze Fichte. Die populäre, wissenschaftliche und metaphilosophische Erschließung der Welt.* Suttgart: Kohlhammer, 2006.

PAIMANN, Rebecca. *Die Logik und das Absolute. Fichtes Wissenschaftslehre zwischen Wort, Begriff und Unbegreiflichkeit.* Würzburg: Königshausen & Neumann, 2006.

PAREYSON, Luigi. *Fichte. Il sistema della libertà.* Turim: Edizioni di Filosofia, 1950 (1. ed.); Milão: Mursia, 1976 (2 ed. aumentada).

PHILONENKO, Alexis. *L'oeuvre de Fichte.* Paris: Vrin, 1984.

_____. *La liberte humaine dans la philosophie de Fichte,* Vrin, Paris 1966, II ed. revista e aumentada. Vrin, Paris 1980.

PICARDI, Roberta. *Il concetto e la storia. La filosofia della storia di Fichte.* Bolonha: il Mulino, 2009.

RADRIZZANI, Ives. *Vers la fondation de l'intersubjectivité chez Fichte: des Principes à la Nova Methodo.* Paris: Vrin, 1993.

RAMETTA, Gaetano. *Le strutture speculative della Dottrina della scienza. Il pensiero di J. G. Fichte negli anni 1801-1807.* Gênova: Pantograf, 1995.

_____. *Fichte.* Carocci: Roma 2012.

RENAUT, Alain. *Le systéme du droit. Philosophie et droit dans la pensée de Fichte*. Paris: PUF, 1986.

ROTTA, Graziella. *La "idea Dio". Il pensiero religioso di Fichte fino all'Atheismusstreit*. Gênova: Pantograf, 1995.

SCHNELL, Alexander. Réflexion et spéculation. L'idéalisme transcendental chez Fichte et Schelling. Grenoble: Millio, 2009.

SCHRADER, Wolfgang H. *Empirisches und Absolutes Ich. Zur Geschichte des Begriffs Lebens in der Philosophie Fichtes*, Stuttgart-Bad Cannstatt: Frommann--Holzboog, 1972.

SIEMEK, Marek J. *Die Idee des Tranzendentalismus bei Fichte und Kant*. Hamburgo: Meiner, 1994.

STOLZENBERG, Jürgen. *Ficthes Begriff der intellektuellen Anschauung. Die Entwicklung in den Wissenschaftslehren von 1793-94 bis 1801-02*. Stuttgart: Klett-Cotta, 1986.

THOMAS-FOGIEL, Isabelle. *Critique de la représentation: étude sur Fichte*. Paris:Vrin, 2000.

TILLIETTE, Xavier. *Fichte, la science de la liberte*. Paris:Vrin, 2003.

TRAUB, Hartmut. *Johann Gottlieb Fichtes Populärphilosophie 2804-1806*. Stuttgart-Bad Cannstatt: Frommann-Holzboog, 1992.

VERWEYEN, Hansjürgen. *Rechts und Gesellschaft in J. G. Fichtes Gesellschaftslehre*. Friburgo: Alber, 1975.

VETÖ, Miklos. *Fichte. De l'Action à l'Image*. Paris: L'Harmattan, 2001.

WEBER, Marianne. *Fichte's Sozialismus und sein Verhältnis zum Marxschen Doktrin.* Tübingen, Friburgo im Breisgau, Leipzig: Mohr (Paul Siebek), 1900 (reimpressão: LINDAU, H.; WEBER, M. *Schriften zu J.G. Fichtes Sozialphilosophie.* Hildesheim, Zurique, Nova Iorque: Olms, 1987).

WIDMANN, Joachim. *Johann Gottlieb Fichte. Einführung in seine Philosophie.* Berlim: De Gruyter, 1982.

WUNDT, Max. *J. G. Fichte. Sein Leben und seine Lehre.* Stuttgart: Frommann, 1927. Reimpressão: Stuttgart 1976.

_____. *Fichte-Forschungen.* Stuttgart: Frommann, 1929; reimpressão: Stuttgart 1976.

ZÖLLER, Günter. *Fichte's Transcendental Philosophy. The Original Duplicity of Intelligence and Will.* Cambridge: Cambridge University Press, 1998.

_____. *Fichte lesen.* Stuttgart-Bad Cannstatt: Frommann-Holzboog, 2013.

Índice onomástico

B

Babeuf, François-Noël – 197
Bacin, Stefano – 10, 217
Bergson, Henri – 191, 192
Bonaparte, Napoleão – 19, 156, 159, 193
Bodei, Remo – 56
Brogi (Brogy), Joseph Leyser – 17, 18

C

Cesa, Claudio – 183, 193, 197, 205, 213

D

Descartes, René – 201
Dohna-Schlobitten, Friedrich Ferdinand Alexander – 83
Drechsler, Julius – 203

E

Ernesti, August – 10
Eschen, Friedrich August – 60

F

Fabbianelli, Faustino – 25, 218
Fichte, Christian – 9
Fichte, Immanuel Hermann – 155, 188, 189, 190, 192
Fichte, Johann Gottlieb, *passim* –
Fiedler, Karl Gottlob – 12
Fischer, Kuno – 192
Forberg, Karl Friedrich – 15, 148
Fuchs, Erich – 7, 200, 211, 212, 218

G

Gueroult, Martial – 193, 194, 219
Gurwitsch, Georg – 195, 219

H

Hegel, Georg Wilhelm Friedrich – 36, 43, 56, 80, 86, 185, 187, 188, 191, 192, 198, 199, 203, 205
Heidegger, Martin – 168
Heimsoeth, Heinz – 196, 219
Henrich, Dieter – 202
Hirsch, Emanuel – 196, 219
Hölderlin, Friedrich – 184
Hommel, Karl Ferdinand (*cf.* Joch) –
Husserl, Edmund – 196, 197, 198

J

Jacob, Hans – 200, 212

Jacobi, Friedrich Heinrich – 24, 25, 75, 76, 99, 102, 104, 185

Janke, Wolfgang – 202, 203, 220

João evangelista – 152, 153

Joch, Alexander von – 12

K

Kant, Immanuel – 12, 13, 14, 16, 25, 28, 47, 62, 64, 65, 67, 85, 86, 87, 97, 102, 117, 121, 122, 135, 140, 145, 185, 156, 187, 190, 191, 194, 198, 201, 203, 205, 245

Klopstock, Friedrich Gottlieb – 10, 11

Krause, Karl Christian Friedrich – 60, 73

Kroner, Richard – 186, 196

L

Lask, Emil – 192, 194, 195, 220

Lauth, Reinhard – 83, 96, 124, 188, 189, 192, 200, 201, 203, 206, 212, 220

Lavater, Johann Kasper – 14, 23

Leibniz, Gottfried Wilhelm – 29, 69

Léon, Xavier – 193, 221

Lequier, Jules – 205

Levin-Varnhagen, Rahel – 19

Loewe, Johann Heinrich – 203

Lukács, Georg – 203

M

Machiavelli, Niccolò (Maquiavel) – 16

Maimon, Salomon – 13, 26, 27

Manz, Hans Georg von – 204
Marheineke, Philipp Konrad – 19
Marx, Karl – 203
Masullo, Aldo – 206, 207, 221
Medicus, Fritz – 192, 194, 221
Miltiz, Ernst Haubold von – 9
Molitor, Joseph Franz – 184, 156

N

Napoleão (*cf.* Bonaparte) –
Nenon, T. – 198
Niethammer, Friedrich Immanuel – 15, 61
Nietzsche, Friedrich – 10
Noack, Ludwig – 191, 222
Novalis (Friedrich von Hardenberg) – 184

O

Oesterreich, Peter Lothar – 207, 222

P

Papparo, Felice Ciro – 192
Pareyson, Luigi – 61, 83, 87, 185, 186, 187, 196, 199, 222
Pestalozzi, Johann Heinrich – 188
Pezold, Christian Friedrich – 11
Philonenko, Alexis – 204, 205, 206, 222
Platner, Ernst – 14

R

Rahn, Marie Johanne – 11, 12, 14, 19, 74

Ranke, Leopold – 10

Reinhard, Franz Volkmar – 11, 26, 124, 200

Reinhold, Karl Leonhard – 13, 14, 24, 25, 26, 29 31, 32, 47, 59, 61, 86, 126, 184

Rickert, Heinrich – 192, 194

Rocci, Francesca – 198, 215

Rudolph, Olivier-Pierre – 183

S

Schad, Johann Baptist – 77, 78

Scheler, Max – 195

Schelling, Friedrich Wilhelm Joseph – 15, 56, 65, 74, 75, 77, 78, 80, 81, 86, 96, 97, 99, 101, 102, 117, 124, 125, 184, 186, 187, 188, 198, 203, 205

Schlegel, Friedrich – 184

Schopenhauer, Arthur – 18

Schulze, Gottlob Ernst – 13, 26, 27

Schurich, Johanna Maria Dorothea – 9

Sepp, H.R. – 198

Siemek, Marek – 203, 223

Spaventa, Bertrando – 191

Spinoza, Baruch de – 80, 117, 185, 191

Steffens, Henrik – 18

Stolzenberg, Jürgen – 183, 223

Strube, Claudius – 198

Struensee, Karl August von – 134

T

Tilliette, Xavier – 64, 205, 223
Traub, Hartmut – 207, 222, 223

W

Weber, Marianne – 197, 224
Weiβhuhn, Friedrich August – 12
Windelband Wilhelm – 192, 194
Wundt, Max – 196, 224

Z

Zöller, Günter – 204, 224

Esta obra foi composta em CTcP
Capa: Supremo 250g – Miolo: Pólen Soft 80g
Impressão e acabamento
Gráfica e Editora Santuário